34招精通
商业智能数据分析

Power BI和Tableau进阶实战

雷元◎著

电子工业出版社·
Publishing House of Electronics Industry
北京·BEIJING

内 容 简 介

如果将数据的价值比喻成财富（这种财富往往被埋藏在冗杂的数据的深处，不为人所知），那么 Power BI 和 Tableau 就像是强大的挖掘机。本书将为你打开商业数据分析之门，你将和作者一道参与使用挖掘机掘宝的有趣游戏。

本书介绍了商业数据分析中常用的 34 种方法，包括趋势分析、排名分析、分类分析、差异分析、分布分析、占比分析、相关性分析，及其在 Power BI 和 Tableau 中的实现方法。其中不仅涉及 Power BI 和 Tableau 的工具特色及对比，还涉及数据分析的方法与思想，相当于用一条线将散落的珍珠串成一条美丽的项链。

君子不器，纵使 Power BI 和 Tableau 是商业数据分析的利器，最终的商业价值也是由挖掘者的智慧所决定的。本书教你如何像商业分析师一样思考，挖掘商业数据背后的价值。

本书适合数据分析初学者、需要了解 Power BI 或者 Tableau 工具的读者阅读，也可作为商业数据分析师的参考用书。

图书在版编目（CIP）数据

34 招精通商业智能数据分析：Power BI 和 Tableau 进阶实战/雷元著. —北京：电子工业出版社，2020.1

ISBN 978-7-121-37610-8

Ⅰ. ①3… Ⅱ. ①雷… Ⅲ. ①商业信息—数据处理 Ⅳ. ①F713.51

中国版本图书馆 CIP 数据核字（2019）第 219545 号

责任编辑：王　静

印　　刷：北京天宇星印刷厂

装　　订：北京天宇星印刷厂

出版发行：电子工业出版社

　　　　　北京市海淀区万寿路 173 信箱　邮编：100036

开　　本：787×980　　1/16　　印张：16.5　字数：390 千字

版　　次：2020 年 1 月第 1 版

印　　次：2023 年 9 月第 4 次印刷

定　　价：69.80 元

凡所购买电子工业出版社图书有缺损问题，请向购买书店调换。若书店售缺，请与本社发行部联系，联系及邮购电话：（010）88254888，88258888。

质量投诉请发邮件至 zlts@phei.com.cn，盗版侵权举报请发邮件至 dbqq@phei.com.cn。

本书咨询联系方式：（010）88254579。

写在前面

在正式开始操作 Power BI 和 Tableau 之前，请注意以下几点：

- 电脑内存为 4GB 或以上。
- 下载案例文件以及所使用的数据文件。
- 下载并安装 Power BI 和 Tableau Desktop 或 Tableau Public。

注意，Tableau Desktop 有 15 天的免费使用期。Tableau Public 是永久免费使用的，功能与 Tableau Desktop 一致。

Tableau Public 唯一的限制是在其中所创建的文件必须被存放在 Tableau Public 的公共社区中，适用于单纯为了学习的用户。

本书所有的案例文件下载地址请见本书封底，文件格式为 PBIX 和 TWBX。读者可直接打开使用，无须连接数据文件。

本书大部分案例使用的是"示例 – 超市"数据文件（来自 Tableau Desktop 自带示例，如下图所示）。其余文件会在相关章节中进行说明。

行 ID	订单 ID	订单日期	发货日期	产品 ID	类别	子类别	产品名称	销售额	数量	折扣	利润
1	US-2018-1357144	2018/4/27	2018/4/29	办公用-用品-10002717	办公用品	用品	Fiskars 剪刀, 蓝色	129.696	2	0.4	-60.704
2	CN-2018-1973789	2018/6/15	2018/6/19	办公用-信封-10004832	办公用品	信封	GlobeWeis 搭扣信封, 红色	125.44	2	0	42.56
3	CN-2018-1973789	2018/6/15	2018/6/19	办公用-装订-10001506	办公用品	装订机	Cardinal 孔加固材料, 回收	31.92	2	0.4	4.2
4	US-2018-3017568	2018/12/9	2018/12/13	办公用-用品-10003746	办公用品	用品	Kleencut 开信刀, 工业	321.216	4	0.4	-27.104
5	CN-2017-2975416	2017/5/31	2017/6/2	办公用-器具-10003462	办公用品	器具	KitchenAid 搅拌机, 黑色	1375.92	3	0	550.2
6	CN-2016-4497736	2016/10/27	2016/10/31	技术-设备-10001640	技术	设备	柯尼卡 打印机, 红色	11129.58	9	0	3783.78
7	CN-2016-4497736	2016/10/27	2016/10/31	办公用-装订-10001029	办公用品	装订机	Ibico 订书机, 实惠	479.92	2	0	172.76

序一

承蒙雷元抬爱，通过朋友找到我，让我为他的大作写一篇序。对此我诚惶诚恐，因为我已经很久不专注在技术上，对于本书提到的专业点，尤其是 Tableau，我知之不多。不过谈到自助型商业智能，这是我们一直以来所倡导和推进的。对此，我或者可以抛砖引玉一下。

2019 年 8 月 29 日，在上海举行的 WAIC2019 世界人工智能大会以"智联世界无限可能"为主题，向业界展示了当今人工智能的进展和对未来的展望。对此，虽然绝大部分人和公司都在热烈地讨论人工智能的发展，不过我想向大家说明，目前在业界，人工智能的发展还在非常初期的阶段。在我所能触及的客户中，真正开始尝试将人工智能融入日常业务的不及 5%，而这 5% 只限于这些公司中的部分业务单元。剩下 95% 的公司还没有尝试人工智能，甚至还未触碰我们本书提及的商业智能（BI）。如果用一句话来描述当下局势，就是"路漫漫其修远兮，吾将上下而求索"。

取势、明道、优术，为中国古代哲学指导做事的三个不同层级。在所有的商业公司苦苦追寻最佳商业决策时，他们都需要将重点放在这三个层面上。在取势层面，雷元在文中提及了巴菲特的"滚雪球"理论。其中最重要的一点就是选定正确的"价值"方向，从而顺势而上，达到事半功倍的效果。这个观点诚然离不开公司领导人的高瞻远瞩和独特眼光，同时也需要以他们从所能触及的信息中做出的判断作为基础。在明道层面，公司就是要依据"势"，明确自己的战略和方向。这里面涉及大量的对业态、竞争、研发、人力资源等方方面面的信息的收集，与之后的专业判断和处理。优术，则是让战略变成战术，变成日复一日的决策的积累。而这一项就落到了公司具体操作层面。而处于这个层面的人员，他们如何理解战略，如何理解数据背后的洞察，则成了企业是否能够高效运作，甚至快速转型为"数字化，智能化"企业的关键。

根据我的经验，目前行业的实际情况是：40% 以上的企业还未开始在数据层面下功夫。大部分企业内部的数据整合还竖着一根根"烟囱"，"部门墙"现象严重，数据孤岛林立。作为部门的领导人，他们往往从不同的系统，不同的人得到不同的数据或者洞见。由此可得，若是想要从这些报告中做出判断，非常具有挑战性。随着商业环境的发展愈加快速，客户的需求变化更不容易被捕获。越来越多的企业下定决心打通企业的数据孤岛，打开"商业智能化"的大门。

要实现这个目的公司需要花大价钱，购买不菲的软件，并且聘请实施公司来实施一套优化的商业智能解决方案。但是，并不是每个项目都能成功。在"这些不幸的案例中"，都有一个非常一致的失败点：未充分地使商业智能深入企业的日常运用（员工层次）中。具体来讲，咨询公司的知识转移仅仅涉及了公司的 IT 部门，却遗漏了业务部门。如果一家企业的 IT 部门不能对业务有充分的理解或者这家企业的 IT 部门对业务的知识转化不够成熟，那么这家企业的商业智能也就不幸地只能到此为止了。所以，自助型 BI 应运而生。在实施商业智能项目时，如何让参与企业日常运营的同事，能够掌握尽可能简单的 IT 语言和工具，在搭建的商业智能平台上，从大量的数据中搜寻洞见，成为各家商业智能厂商的重中之重。

所幸的是，雷元，一位令人尊重的布道者，他花了大量的时间在不同的厂商平台上进行学习，比较并尝试技术的实现。在本书中，他将日常工作中常用的场景进行了非常细致的分析，同时也提供了专业的商业术语，仅为大家能掌握自助型 BI 工具的使用方法。

正如本书所说，Power BI 和 Tableau 在自助型 BI 领域中处于领先的位置。这与这两家公司的起步和发展理念密切相关。本书可以作为企业选择自助型 BI 平台的指导。企业的选型项目组可以细细品读此书，再利用书中说到的软件版本，进行第一手的操作体验，依据本企业的特色，判断并选择适合自己的产品。不管如何，选择了这两家中任何一家公司的产品，都可以算是非常具有前瞻性的。

本书同时针对日常工作人员在不同商业场景下，如何解决不同的问题进行了详细的讲解（包括图例和公式）。不论是企业的 IT 人员，还是业务人员，甚至企业的高层管理者，都可以卷起袖子，跟着书中的执行步骤，并利用企业本身的数据进行专业分析，从而使企业的战略及战术切实落地！

最后，预祝还在数据海洋里颠簸和探索的各位读者，能够一步步地探索、理解、判断、总结并形成自己或公司的体系和风格，在商业竞争中拔得头筹！

OwenTang，唐安策

微软高级销售总监

序二

过去的 20 年里，中国快消品行业经历了几次大规模的 IT 变革，包括 ERP 系统的实施、供应链流程的优化、市场分销渠道管理、办公协作自动化，变革结果为企业的发展建立了良好的基础。

最近几年，各传统企业纷纷拥抱新一轮的数字化转型，利用新的商业模式、新的渠道、新的方法，不断将数字化技术与业务充分融合，在创新中求变，为消费者创造多、快、好、省的价值。在此过程中，科技的高速发展起了巨大的作用，接近无限的存储空间、强大的算力及机器学习能力，也给我们带来海量的数据，这也让我们重新审视商业智能的价值所在，这是一个永恒而有意思的话题。

如今，数据变得廉价，但数据分析极为有价值。在与同行交流的过程中，我们经常会谈到一个共同的痛点：数据量级与技术的飞跃是成正比的，这反而有时候令我们更难从中及时提取关键的商业洞察，达到数据变现的目的。以前，我们谈的多是以商业流程为导向，关注数据质量和系统稳定，大量使用固定格式的报表协助商业决策。在快速变化的商业环境下，我们必须主动做出改变，更加贴近业务，以商业价值和商业数据为导向，进行快速迭代更新，从而共同实现"IT 业务化，业务 IT 化"。

为实现此愿景，企业需要做出很多改变，包括企业文化、公司结构、人员能力、系统架构、数据分析工具等的全方位支持。但是在具体执行的过程中，我们经常会陷入"工具万能"的思维误区中，而忽略了业务部门的角色转换，导致无法将工具的价值最大化。举一个例子，由 IT 团队预先做好的固定格式的报表和仪表盘只能覆盖公司小部分的日常工作，无法应对日新月异的业务诉求，这就需要业务同事从以前的单纯的信息使用者，转变成数据的主人。这更需要 IT 团队转变思维，从授人以鱼到授人以渔，致力提升业务用户的数据素养和数据分析能力，从数据中发现新的问题和新的商业机会点。同时，充分利用优秀的 BI 工具（如 Power BI 和 Tableau），通过交互可视化实现自助服务和敏捷交付，可以支持决策人员做出更加符合公司策略和利益的决策。

雷元不仅是数据分析领域的专家，同时也负责玛氏公司的 BI 培训，包括培训新讲师。在过去的半年里，他和团队一起为超过 500 位同事提供了共 20 余场 Power BI 基础培训和进阶培训。我们相信，每一位业务部门同事的数据素养的提升将是我们拥抱大数据时代的核心竞争力。从个人而言，与雷元的交流经常给我带来新的启发，我更能感受到他分享传播 BI 知识的热诚，他真正做到了传道、授业、解惑。

我相信当你读完本书后，你可以熟练使用 Power BI 和 Tableau 工具，通过书中的案例总结出属于你的商业智慧，更重要的是，你还有了思维上的转变，开始像商业分析师和数据分析师一样思考数据分析的价值，这些让你铺平前方的道路，迈向更高的目标，成为大数据时代的"平民数据科学家"。彼时，你必会感激今日的努力与付出，人生一切皆有可能，你准备好了吗？！

郑　鹏

玛氏亚太区 IT 运营总监

序三

迅易科技作为微软连续 10 年的金牌合作伙伴，也是 Power BI 中国区合作伙伴，长期致力于为企业提供定制化的商业 BI 解决方案。很荣幸我有机会为本书作序。

这是一本难得的可以快速学习商业智能数据分析的书，Power BI 与 Tableau 是当今两大商业智能数据分析工具。对于商业智能数据分析的学习，很多读者不知道应该从哪个工具入手。作者直接拿两者一起"开刀"，为我们逐个解疑，层层剖析。整本书的行文中透露国学的幽默，也不乏实战的侠气，让商业智能数据分析实战变得生动有趣，一点也不枯燥。

本书用简单、易懂的语言和举例方式介绍相关概念和实例操作流程，从入门的语法、函数到图表应用，都有所涉及，让读者可以更快速上手。同时，书中提供了日常常用的分析思路和案例，可以让读者提高实战能力。

作者通过这种独特的"提问—解题思路—Tableau 与 Power BI 实战"的模式让读者能快速抓住实例的精华，在学习的过程中逐步加深对 Power BI 与 Tableau 的理解。

这不仅仅是一本实战教科书，也是一本非常具有洞察力的读物。本书视角切换灵活，娓娓道来，这都源自作者丰富的工作经验以及对商业智能的热情，我读完本书受益匪浅，诚邀您一起共读。

林嘉诚

广州迅易科技有限公司　BI 项目总监

前言：写给"滚雪球"前的你

学习就是"滚雪球"

巴菲特有一个非常著名的"滚雪球"理论，大意为：投资其实就是挖一条足够深的坑道，把自己的"雪球"（资金）坚持不懈地朝着有价值的方向滚动，你所拥有的财富就会越来越多。

在作者看来，财富的外在价值只是其内在价值的一种外延，"滚雪球"理论是一种投资理念，也是一种人生哲学。将之拓展到学习上，只要保持耐心与信心，任何人在任何学科的研究中都能滚出体积惊人的"雪球"。

作者认为数据分析这门学科是一条足够长的坑道。你最终的成就取决于你打算为自己挖多深的坑道，打算在坑道里滚动多久。本书并不是一本"10天帮你搞定Power BI"或是"快速成为Tableau专家"的书。说实话，本书内容都是作者的一些工作经验总结，不能保证每一位读者都能快速成为商业智能数据分析高手。但是，作者希望每一位读者通过本书都能有所收获。

商业智能数据分析利器：Power BI 和 Tableau

爱因斯坦说过："凡事应力求简单，但不可过于简单"。作者见过许多人将Power BI认作Excel的升级版，认为它没有什么复杂的。其实这只看到了硬币的一面。Power BI中的计算列的确与Excel公式几乎完全相通。但Power BI中的DAX语言远比Excel公式简洁，如何用优美的DAX语言搭建出完备的数据模型逻辑才是Power BI学习的重中之重。作者见过不少Power BI模型，从表面上看，其可视化效果尚能一看，但细看其内部模型，都是密密麻麻的嵌套计算列。一旦模型内部的公式的规模达到一定程度，让计算机性能崩溃是预料之中的事情。这样的Power BI模型徒有其表。仅是单纯地用Excel思维去揣度Power BI，会忽视了DAX的"灵气"。

诚然，学习Power BI和Tableau之路不会是一马平川的，为此你必将付出一定的努力和时间。但讲究学习套路和效率，仍能为你节省下宝贵时间。好的教材会让不平坦的学习坑道变得"既宽且深"。所谓的"宽"和"深"特指系统、全面地掌握数据分析情景的广度和学习知识时超越平均水平的深度。恰当的"宽"和"深"能够让你享受数据分析所带来的畅快淋漓。对作者来说，这种感觉妙不可言。

为此，作者总结了不同类别的商业数据分析模板及其背后的思维逻辑，并展示该模板和逻辑下的最佳实践内容，为你在实战中提供"模板化"的公式及思维。你可以将模板"嵌套"到自己的分析场景中"加速"（不是快速）解决各种形形色色的商业数据分析要求，迅速升级你的"数据分析武器库"中的装备，成为"招之即来，来之能战，战之能胜"的商业数据分析"战狼"。

本书内容

本书的架构围绕三个关键词展开：传道、授业、解惑。

第 1 章传道：主要是从高层次的角度分析自助式 BI 崛起的原因，以及 Power BI 和 Tableau 各自的一些特点及对比。

第 2 章授业：主要介绍二者的理论知识，虽然本书的核心内容为商业数据分析实战，但在正式开始介绍案例之前，非常有必要花一些时间梳理本书案例中涉及的工具的理论知识。当然，如果你想详细学习 Power BI 或 Tableau 的基础知识，可阅读作者的第一本书《商业智能数据分析：从零开始学 Power BI 与 Tableau 自助式 BI》。

第 3~10 章解惑：主要围绕不同的主题，介绍具体的商业数据分析案例。内容涉及案例的分析场景、分析目的、实现思路、具体的实现方式，以及其中的疑难点与分析总结。

最后衷心希望此书的知识能让你学得开心、用得愉快。欢迎你和书中的彼得（作者）一起"入坑"，滚动商业智能数据分析的"雪球"。Carpe diem（抓住机遇）!

作者

彼得的自助数据分析推广笔记

经过 6 个月的努力，彼得完成了公司交给自己的任务：评估 Power BI 和 Tableau 两款自助数据分析软件的特性，并向其他部门推广这两款软件，让更多的同事了解自助数据分析软件的特性并从中获益。

因为受到了广泛好评，彼得将自己的推广经历写成了一本书：《商业智能数据分析：基于 Power BI 和 Tableau》。

同时，公司领导在听取彼得的总结及汇报后，深以为然，考虑到两款软件在性能上十分优秀，在功能实现上又有一定的互补作用，最后决定让 Power BI 和 Tableau 同时成为公司官方的自助商业分析工具。于是，IT 部门购买了 Power BI Premium 和 Tableau Server Online。

虽然同时使用两款软件会带来额外的开销，但是从公司决策者的角度看，不能将鸡蛋都放在一个篮子里。这两款软件都十分优秀，但也都有一些不足，同时使用可以让使用者比较出哪款工具更适合自己。在成本可控的情况下，同时使用这两款工具，必定能为业务带来更多的价值。

随着公司日益重视自助数据分析，公司还设立了新的职位：数据分析先锋官，此职位的核心职能是打造公司的数据分析文化和增强员工的数据分析能力。

因为彼得的努力和出色的能力，他幸运地得到了升迁，成为公司在亚太地区的数据分析先锋官。

转眼间，彼得已经任职三个月了。在这段时间内，彼得在公司中挑选了一些业务人员并将其培养成为 Power BI 和 Tableau 大使，让他们去影响更多的同事，学习数据分析方面相关的知识，提升数据分析的能力。

一天，彼得的上司大卫在听取彼得的定期工作汇报后，有了以下这番对话：

大卫："彼得，你在帮助员工提升自助数据分析方面做出了很大的贡献，公司员工的数据分析能力有了很大的提升。我完全认可你在此阶段的工作重点。只是，从以终为始的角度看，我更希望能看到一些更加量化的产出，引领公司在数据分析方面走得更远。"

彼得："您是指帮助用户解决具体的问题，为公司创造价值吗？"

大卫："没错，我希望在未来的 6 个月，你不仅仅提供基础工具使用培训，当然这很重要，我希望你会继续为此投入一部分精力。作为公司的数据分析先锋官，你还需要更加贴近业务人员，真正地了解业务人员面对的挑战，帮助他们用工具解决商业问题。"

彼得："我同意，基础培训是撒网，为的是让业务人员意识到工具的威力，从而让业务人员带着思考去解决问题，我则作为内部顾问帮助他们。"

大卫："不，其实你可以做更多的事情，只是你目前的思维限制住了自己。你应该表现得更为主动，而不是等着业务人员上门来找你。"

彼得："好的，我会平衡我的工作重心，将重心向业务知识和业务流程方面倾斜。"

大卫："很好，我希望这是你今后的工作重点。下次汇报时，我需要你提出自助数据分析推广的年度计划……"

之后的几天，彼得一直在思考和大卫的谈话：核心是走进业务，解决实际商业问题，他想到至少有两个方面的工作可以立即着手：

- 借助已有的分析大使社群，收集目前已经解决的经典商业问题，以及收集更多新出现的商业问题。

- 将这些问题分门别类，整理成为分析模板，并与更多的同事分享（所有数据均经脱敏处理）。

事不宜迟，彼得开始了自己的第二部笔记：《34 招精通商业智能数据分析：Power BI 与 Tableau 进阶实战》的制作，对比彼得之前的创作，本书为商业智能数据分析进阶，第 1~2 章会介绍基础知识及工具特性，从第 3 章开始，根据不同的商业分析类型，将经典的商业分析方法分门别类地制作为模板，供读者学习和参考。好了，请跟随本书一起学习吧！

目录

第 1 章
自助式 BI 的特点

本章从宏观角度阐述近年来自助式 BI 崛起的原因，学习自助式 BI 要经历的阶段，以及 Power BI 与 Tableau 的应用特性和不同之处。

1.1　自助式 BI 的崛起

随着自助式 BI（Self-Service Business Intelligence，也称敏捷 BI）这个新概念在近几年的迅速崛起，许多 BI 工具脱颖而出。其中最让人追捧的非 Tableau 和 Power BI 莫属。

2019 年 2 月，Gartner 更新了其年度 BI 魔力象限图，如图 1.1.1 所示，从图中可以看出 Tableau 和 Microsoft 的 Power BI 在众多 BI 产品中分别处于"状元"和"榜眼"的位置。

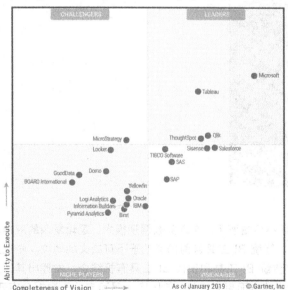

Figure 1. Magic Quadrant for Analytics and Business Intelligence Platforms

Source: Gartner (February 2019)

图 1.1.1

可以看到，在魔力象限图的 X 轴（Completeness of Vision）上，有不少其他产品的得分也是排在前列的，而在 Y 轴（Ability to Execute）上，Tableau 和 Power BI 处于非常明显的引领地位。简单来说，X 轴可被理解为"潜力"，即产品是否有清晰的远景；Y 轴可被理解为"易用性"，即产品功能是否能胜任 BI 分析任务。在笔者看来，二者的领先优势首先得益于其符合两大趋势：数据分析全民化和探索性分析普及化。

如今，传统的固定化 BI 报表已不能满足现代快速变化的商业需求，决策者需要将由 IT 主导的特定分析转为由商业人员主导的探索性分析。而 Power BI/Tableau 恰恰能让分析人员在无须 IT 人员介入的情况下独立完成一系列的数据分析工作，让"人人都能学会数据分析"不再是一句口号。如果把一家企业的 BI 分析工具比喻成武器，那么传统 BI 工具像是巡弋飞弹，其特点是精准、射程远、威力大，但需要专业人员操作，自身维护成本高。自助式 BI 工具像是冲锋枪，易上手，普通人通过短期培训也能很快掌握，如图 1.1.2 所示。

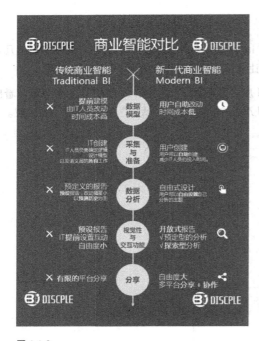

图 1.1.2

这并不是说企业级的传统 BI 工具不再重要了，在许多数据规模大、逻辑复杂的应用场景中，仍然需要用传统 BI 工具，因此，传统 BI 工具目前仍然处于不可缺失的地位。企业应思考的不是二选一的问题，而是如何将传统 BI 工具和现代 BI 工具有机结合，发挥出其最大的威力。比如，传统 BI 工具在数据仓库搭建方面更有优势，专业 IT 人员可专注于数据仓库开发、数据治理等工作，分析人员则可以通过自助式 BI 工具连接后方数据仓库，实现探索性分析，最大程度地释放企业的生产力。

1.2 派生维度的概念

在《三体》中，存活于三维空间的人类文明最终被来自更高维度的文明所毁灭。在面临被灭种的灾难时，人类甚至无法对敌人发起一次有效的反抗，甚至连对方的样貌都看不到，因为二者的竞争力完全不是处于同一个水平（维度）。引用这个情景主要是为了陈述维度的重要性。在 BI 领域，这个原理也是适用的。

数据分析的核心概念其实只有两个：数值与维度。

BI 分析依据不同的维度（字段）（如国家维度、日期维度）将聚合数值（如销售金额、销售利润）切割成具体的数据立方体，即分析结果，如某年某国家的销售利润。这个过程被称之为切片。可想而知，切片越多，数值结果越详尽，分析的角度就越广，其所具有的洞察力就更强。因此，一款 BI 产品的执行力除了取决于其聚合能力，还取决于其创建维度的能力（见图 1.2.1）。

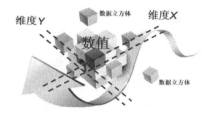

图 1.2.1

1. 原生维与派生维

原生维的概念很直观：一切直接来源于数据源，且可用于维度分析的字段，如案例文件中自带的【客户 ID】【产品 ID】字段，即为原生维。原生维可用于最基本的维度分析。但维度分析不仅仅局限于原生维自身。

在日常的分析场景中，分析师通过对原生维进行加工生成新的维度，即派生维。派生维的存在形式是依存于原生维的，例如在原生维【客户 ID】和【订单 ID】的基础上，通过计算，衍生出的【客户购买次数】维度，被称为派生维。使用派生维，可增加分析维度。

在图 1.2.2 所示的分析中，是对不同购买次数的顾客数量进行求和。其中 X 轴为【客户购买次数】，是派生维。如之前所述，【客户购买次数】维度并不直接存在于数据源中，需要派生。

需求强调的是，如果仅仅使用普通函数，则无法直观生成派生维。

例如，在 Tableau 中，创建普通字段【购买次数】。将【购买次数】字段和【客户名称】字段分别放入【列】和【行】中，如图 1.2.3 和图 1.2.4 所示。

按住 Ctrl 键，将【购买次数】胶囊放入筛选器中并将值固定，单击【确定】按钮退出。

将【客户名称】字段放入【标签】卡中，通过表计算完成汇总。

图 1.2.5 显示了购买 5 次的客户人数是 5 人。虽然我们最终能得出部分答案，但是其过程烦琐，效果也不直观。

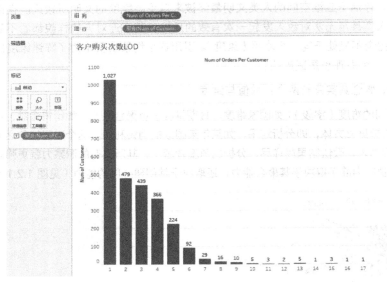

图 1.2.2

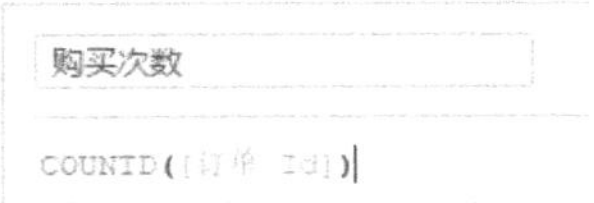

购买次数

COUNTD([订单 ID])

图 1.2.3

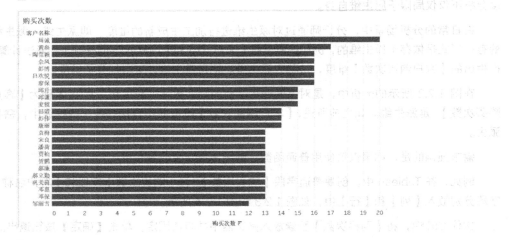

图 1.2.4

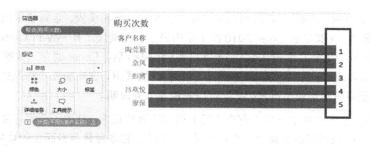

图 1.2.5

上述案例说明，如果仅仅依靠原生维，则分析会受到局限。派生维的应用为分析师带来更加具有洞察力的分析结果。

回到工具应用层面，令人鼓舞的是，无论是 Tableau 还是 Power BI，都有非常强大、成熟的功能用于创建派生维，而这也是自助式 BI 工具与传统 BI 工具的一大区别。高度灵活的维度分析能力，使 Tableau 和 Power BI 更加适合探索性分析场景。

Tableau 和 Power BI 在魔力象限图中的 Y 轴（易用性）上的得分也正好印证了其具有强大的探索性分析能力。

1.3 Power BI 与 Tableau 的诞生

在介绍产品的功能前，更需要了解产品的本质，最终理解产品的特性。Tableau 与 Power BI 有不一样的诞生历程。

1. Tableau

Tableau 公司是一家专注数据分析的公司，包括 Tableau 的颜色集都是由专业的团队研发的。Tableau 有 3 位创始人，最重要的一位叫 Patrick M Hanrahan。Patrick 不仅是 Tableau 公司的创始人、首席科学家，还是斯坦福大学的教授。他拥有生物物理学的博士学位，参与过 Pixar 公司的许多项目，比如《玩具总动员》。他将其在计算机图形学上的渊博知识都注入了 Tableau 中，使得 Tableau 设计出来的作品具有很强的美感。

Patrick 对可视化分析的理解是："它必须能帮助用户提高解决问题的决策力，展现效果需要经过良好的动态化，拥有互动性。"这个理念很好地融入了 Tableau 的产品设计中，和绝大多数 BI 工具的构图思路不同，Tableau 采用"先数后图"的构图模式，根据标记卡方式的设置，将数据通过形象的视觉图像进行呈现。

2. Power BI

不知道读者是否还记得自己使用的第一款自助分析工具是什么，大多数人的答案也许是 Excel。有一个笑话："在所有的 BI 工具里，使用频率第三高的按钮是什么？"答案是"Download to Excel"，其排在了"OK"和"Cancel"按钮后面。这很好地印证了自助分析存在的必要性。

第一章 自助式 BI 的特点

Excel 是敏捷 BI 产品中的"老兵",自问世以来,经过多次的更新和换代,目前已经成为一款强大的多功能商用软件。尤其是在 Excel 2010 版本中内嵌了数据清洗工具 Power Query、建模功能工具 Power Pivot、视觉工具 Power View 和 Power Map 后,Excel 拥有了敏捷 BI 的所有基本功能。更吸引人的是,除购买 Microsoft Office 软件的费用,这些加载项都是免费的。微软的内部人员甚至评价这可能是自 Excel 问世以来最伟大的发明。

可惜的是,Excel 的这些强大功能一直没有在市场上得到应有的反响,其中一个很重要的原因是 Excel 的定位。Excel 通常被视为通用软件而不是专业软件,它本身具有多而全的功能,这反而弱化了它作为专门工具的独特能力。而近几年微软把 Excel 的 BI 分析模块提出来,集成为 Power BI,使其能"专心致志"地挖掘数据,从而体现出其价值所在,如图 1.3.1 所示。

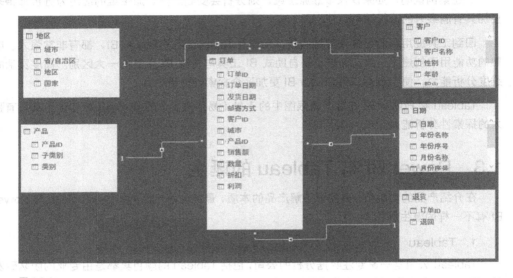

图 1.3.1

Power BI Desktop 诞生于 2015 年 7 月,在短短几年内就在 BI 产品中占据重要的位置,这和 Power BI 与 SQL Analysis Service 是分不开的。SQL Analysis Service 自问世至今已有二十年,其早已从一款单一的数据库产品发展为一套专注于提供全方位数据分析解决方案的工具。许多经典的 BI 工具从其中延伸出来,如 SSIS(Microsoft SQL Integration Service),SSAS(Microsoft SQL Analysis Service),SSRS(Microsoft SQL Reporting Service),也包括 Power BI。

Power BI 的诞生与一位传奇人物 Amir Nets 有关。Amir 早年痴迷于编程,在年轻的时候就成立了自己的公司。后因被微软收购,他也顺理成章地成为微软员工。Amir 对数据的理念是:"数据是埋藏的金矿,并能给公司带来真正的价值,可是如果没有适合的工具去挖掘它们,那么它将对你毫无用处。"BI 工具应该是铲子、筛子,能够把金子从无用的石头中采掘及筛选出来。而 Power BI 正是在这个理念下被设计出来的产品。作为 SQL 团队的开发负责人,Amir 从 SQL Service 中衍生出了 Power BI,之后又将之集成到 Excel 中。可以说,早在 Power BI

正式诞生前，其已经被 Analysis Service 与 Excel 孕育了多年。Power BI 是全面的敏捷 BI 工具，对于它的成功，其背后的 SQL 和 Office 团队功不可没。

1.4 节会从功能的角度具体比较 Power BI 和 Tableau 产品，帮助读者更深入地了解两种产品的区别。

1.4　Power BI 和 Tableau 的对比

下面从 6 个方面讨论 Tableau 和 Power BI 的区别：

（1）视觉呈现和易用性

（2）数据准备

（3）数据建模

（4）生态系统

（5）产品与服务费用

（6）安全控制

1.4.1　第一回合：视觉呈现和易用性

Tableau 被誉为"数据挖掘时代的梵高"，用 Tableau 做出来的报表从美学视角上看效果很不错。前文提及，Tableau 的报表设计是有很深厚的学术理论做背书的，无论是色彩搭配还是图形精致度，都是首屈一指的。用 Tableau 做出的图表效果都很精美，如图 1.4.1 所示。

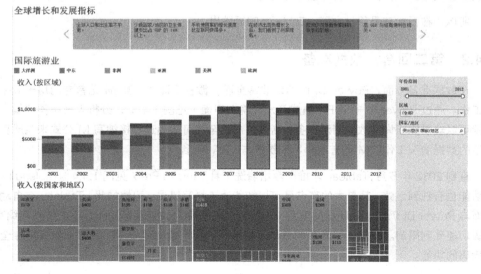

图 1.4.1

另外，Tableau 在易用性方面也是可圈可点的。在其中通过界面操作即可产生多种简易度量，无须输入公式，非常直观。在图形控制方面 Tableau 也是十分灵活的，这使其商业分析更具洞察力，如图 1.4.2 所示。

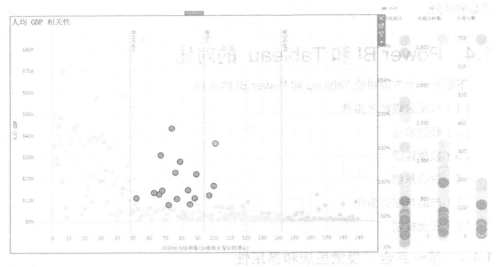

图 1.4.2

相比之下，Power BI 有一点像数学统计功底很强的理科生，使用 Power BI 做出来的图表中规中矩，缺少让人惊艳的感觉。另外，Power BI 虽然计算功能强大，但在许多场景中需要通过公式来实现，在易用性方面略微逊色。

所以，在视觉与易用性方面，Tableau 明显胜出。

1.4.2 第二回合：数据准备

在数据准备方面，Power BI 的功能非常全面。微软设计了一套 M 语言专门用于数据准备工作。通过 Power BI 的 IDE（集成开发环境）界面（见图 1.4.3），分析人员不需要编写代码就可以轻易完成许多数据清洗任务。高级用户甚至还可以通过直接编写 M 公式来完成更为复杂的数据清洗工作。M 语言的学习难易度与 VBA 相近。

直到 2018 年 5 月，Tableau 才推出数据清洗工具 Tableau Prep（ 见图 1.4.4 ）。Tableau Prep 的功能也有独到之处，其最大的亮点是可以智能改正拼写错误。即使如此，Tableau 在自动化方面与 Power BI 仍有一段明显的差距，而且其 IDE 界面只支持图形操作，不支持代码编写，高级功能受到限制。就像一个真正的 Excel 高手不可能不懂 VBA 代码，IDE 永远无法完全取代代码的功能。

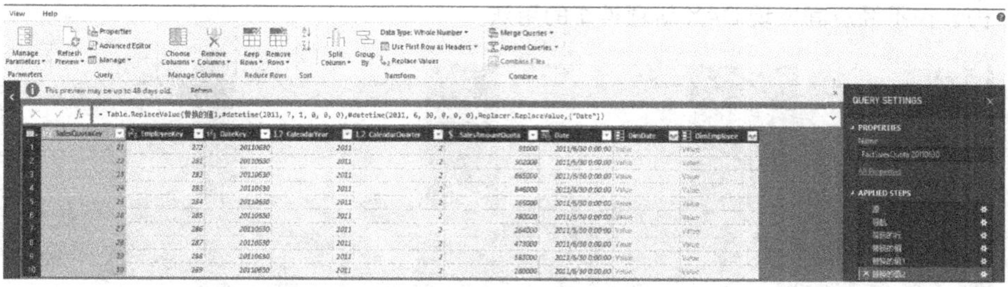

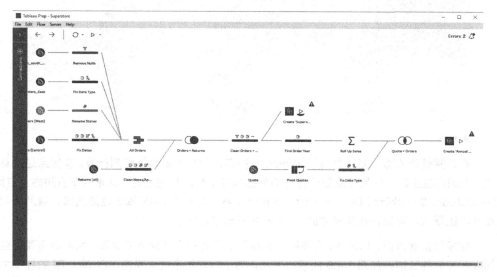

图 1.4.3

图 1.4.4

与任何新产品一样，Tableau Prep 未来必定需要一段时间去完善，相信 Tableau Prep 必然会成为 Power BI 强有力的竞争者。Tableau Prep 有 30 天的试用期，已经购买了 Tableau Desktop 的用户则有两年的免费使用期。有兴趣的读者不妨到 Tableau 官网下载一试。

1.4.3　第三回合：数据建模

强大、高效的数据模型可以支持 BI 工具准确地计算商业数据，这也是 BI 工具的核心价值之一。在传统 BI 产品中，大多数分析人员无法直接接触数据模型。初级分析人员往往将重点放在光彩夺目的报表图形上，而忽略了合理构建数据模型的重要性。

前文提到，因为有 SQL 的"基因"，Power BI 在建立数据模型方面有着得天独厚的优势。而在使用时，通过拖曳就可以快速建立表间关系，非常直观，如图 1.4.5 所示。一些在 SQL 或者 Excel 里用尽全力也未必能实现的计算逻辑，通过 DAX 语句可以巧妙实现。DAX 语句的难易程度随着应用场景的复杂程度而变化，因此，即使用户已经有若干年的 DAX 语句使用经验，仍会在不经意间发现 DAX 新颖神奇的用法。

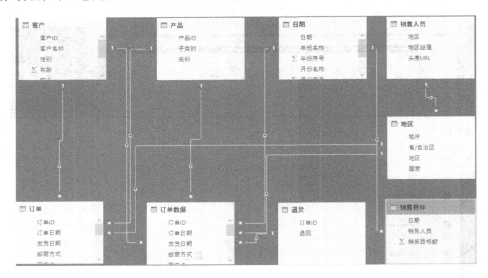

图 1.4.5

在计算性能方面，DAX 是基于 xVelocity 内存优化技术的高性能列计算，其优点是运算高效、空间高度压缩。任何度量值的计算都是在内存中释放及完成的，其本身不占用磁盘空间。DAX Studio 是一款针对 DAX 开发的专业设计工具，可用于 DAX 算法性能测试，帮助使用者找到最优算法。可见，在建模方面 Power BI 做到了极致。

在模型搭建方面，Tableau 主要通过联接和混合两种方式建立表关系，初学者需要一些时间理解它们的区别，如图 1.4.6 所示。因此，对于相对复杂的关系图，Power BI 的视图关系会更为直观。Tableau 也有自己的一套查询语言：Tableau Query Language（TQL）和 LOD（Level of Details language）表达式，其功能覆盖了大多分析场景，难易程度接近普通的 Excel 公式，但不如 DAX 的公式应用范围全面。

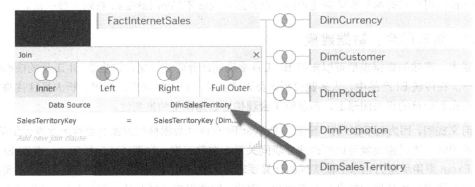

图 1.4.6

在计算性能方面，Tableau 10.5 版本发布了一款 Hyper 数据引擎技术，该技术使查询海量数据的速度提升了 5 倍，提取生成数据的速度提升了 3 倍。Hyper 可以被看作是 Tableau 新推出的内存驻留数据引擎技术，可对大型或复杂的数据集快速进行数据提取、分析、查询、处理。另外，Tableau 中的"集"这个概念是独有的。集和组的不同之处在后文会介绍，但集的应用使自助化分析更加灵活。

对于分析中的一些普通的业务场景，无论是 Tableau 还是 Power BI，都能快速、高效地实现，它们的优点各有千秋。但若是遇到特别复杂的业务场景，例如复杂的迭代计算，那么 Power BI 在数据建模方面多年积累的优势就凸显出来了。

世界上没有十全十美的事物，对于一个武林高手，其强大的武功水平和练习的时间是成正比的，唯有深度理解并掌握分析表达式，才能真正发挥 BI 工具的神奇之处。SSBI 虽然看上去简单，但掌握并不容易。如果简单地认为只是创建几个表，就学会 Power BI/Tableau 了，就太天真了。

优秀的 BI 模型设计好比把房子盖在磐石上，当发大水时，因为根基立在磐石上，房子不会被冲倒，保障了住户的安全。不良的 BI 模型设计好比把房子建在沙土上，水一冲，房子就坍塌了。因此，建立数据模型对于分析师来说非常重要。

1.4.4 第四回合：生态系统

这里说的生态系统分为两个方面：软件生态系统和用户生态系统。

1. 软件生态系统

从 SQL 数据库到组织协作工具 Share Point，再到办公工具 Office 365、移动平台、Azure 数据流服务等，微软丰富的产品线是其他厂商无法比拟的。而这些应用程序都能与 Power BI 配合使用。举几个例子，企业级 Power BI 的应用后台可以直接连接 SSAS 服务，报表呈现可以依赖 Power Point 或者 Share Point，前端销售人员可以通过移动设备里的 Power APP 将数据通过 Power BI 更新到数据库中，Azure 数据流服务也可以通过 Power BI 进行实时数据展现。

2. 用户生态系统

微软在近几年越来越接地气了，也越来越为用户考虑了。Power BI 社区就是一个好例子：用户可在 Power BI 社区中提出各种改进建议，微软会采用其中一些好的建议，并于每月初发布到 Power BI Desktop 的新版本中。这样高效的更迭频率从 Power BI Desktop 问世以来就一直保持着，让人咋舌。不仅如此，微软还鼓励 Power BI 的用户自主开发视觉化图形，其中优秀的设计图形会被纳入公共图形库中让用户共享，目前其基础图形库已达百余种。

Tableau 支持的数据源类别很丰富，基本与 Power BI 相当，而展现端的分享却只能依赖 Tableau Server 平台。虽然 Tableau 同时支持在移动设备上展示，但 Tableau 公司目前只有 Tableau Desktop 与 Tableau Server 两款主打产品，即使再加上新问世的 Tableau Prep，其生态系统仍略显单薄。

Tableau 也有自己的在线社区，与 Power BI 类似，但不提供用户共享 Tableau 图形。除了社区，Tableau 还有一个对公众完全免费开放的在线平台 Tableau Public，用户只需下载 Public 版本的 Tableau，就可以免费使用 Tableau Desktop 的所有功能了，该平台上的所有作品都由来自世界各地的用户创作，其中的主题丰富多彩，用户可以充分利用此平台进行实践和学习，如图 1.4.7 所示。

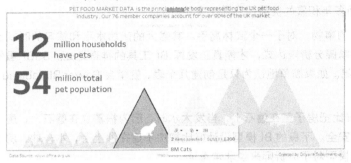

图 1.4.7

1.4.5 第五回合：产品与服务费用

Power BI 在收费方面更有优势。首先，Power BI Desktop 工具本身是免费的，从其官网直接下载就可以了。Pro License 会收取 9.99 美元/月的升级服务费用，服务包含网上共享协作、额外空间、增加刷新频次。云计算能力由微软公有云提供，用户可以享受 60 天免费体验 Pro License，但需要用公司邮箱注册账号。Power BI Premium 适合企业级应用场景，在这个 Premium 包里，企业享有专用的 CPU、带宽，并可以自行决定 Power BI Pro 用户的数量，购买数据的用户不需要再购买 Power BI Pro，可以为企业节约一笔可观的资金，如图 1.4.8 所示。

图 1.4.8

需要提醒的是，Power BI Pro 分为国际版和国内版。国际版由微软提供运营支持，国内版本由 21 世纪互联提供运营支持。这两个版本之间的数据不能相互流通。所以，在一开始选产品时要根据企业的自身需求进行选择。

图 1.4.9 展示了 Tableau 的费用，此处的 Tableau Creator 其实是 Tableau Desktop + Tableau Prep + Tableau Server 的组合；Tableau Explorer 包括 Tableau Server；Tableau Viewer 其实是只读属性的 Tableau Server，最小购买数量为 100 个许可。Tableau Desktop 有 14 天的试用期，Tableau Server Online 有 30 天的试用期。

图 1.4.9　Tableau 的收费表

1.4.6　第六回合：安全控制

下面从两个层面讨论 Power BI 及 Tableau 的安全控制。第一个层面是用户或用户群对报表的访问权限控制，第二个层面是指行级别安全控制。

举一个例子，例如亚太区的销售人员，只能查阅亚太地区的销售数据，不能查阅北美地区的销售数据。换言之，第一个层面的访问权限控制是控制是否能查看数据，第二个层面的行级别安全控制是控制在第一个层面的基础上能看什么。

对于第一个层面的权限功能，所有的 BI 工具都可以做到，Power BI 及 Tableau 都支持目录服务认证（Active Dictionary 认证）。至于第二个层面的控制，Power BI 和 Tableau 分别通过 DAX 语句和 Tableau 语句进行行级别权限更细化的控制。

总体而言，二者的功能相当，只是实现过程有少许差别：Power BI 中有权限角色（Role）的概念，管理员通过角色设置规则，再为具体用户或用户组添加权限，如图 1.4.10 至图 1.4.12 所示。

Power BI 的权限角色

图 1.4.10

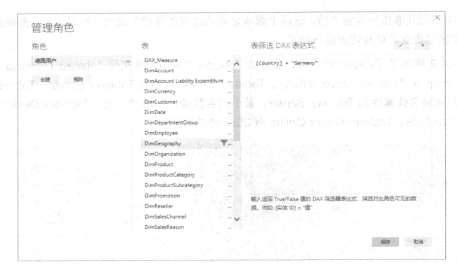

Power BI 创建访问角色

图 1.4.11

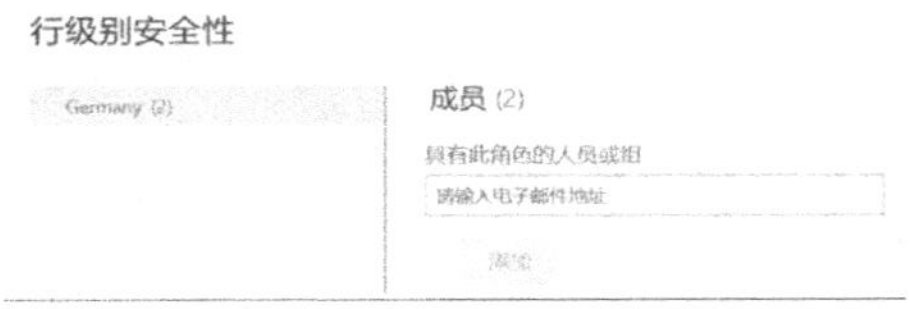

行级别安全性

为角色添加 AD 成员或成员组

图 1.4.12

而 Tableau 使用 USERNAME 函数和 ISMEMBEROF 函数来判断用户是否属于 Tableau Server 或 Tableau Online 中某个组的成员，从而限制用户的具体访问内容，方便管理员对用户组的管理，如图 1.4.13 所示。

```
IF (ISMEMBEROF('Sales_Managers')
  OR USERNAME() = 'Superuser1')
  OR USERNAME() = 'Superuser2')
  )
THEN .....
ELSE NULL
END
```

图 1.4.13

Power BI 与 Tableau 的功能实在太强大，都有可圈可点之处，而且日新月异，这样比下去可能要比到 100 回合。与其仅仅停留在理论上的比较，倒不如通过 Power BI 与 Tableau 分析商业实例，走入真实的 BI 世界，更直观地比较二者的区别。

1.5 数据可视化的技、术与道

作为第 1 章的最后一节，本节有必要谈一谈个人在数据可视化学习之路上所应掌握的技、术与道。

Power BI 和 Tableau 都在数据可视化方面投入了大量的研发力量和精力。为什么可视化对于商业分析如此重要？

邱南森（Nathan Yau）在《数据之美：一本书学会可视化设计》这本书中对数据可视化进行了精辟的解释：

数据是对世界的简化和抽象表达。当你可视化数据的时候，其实是在将对现实世界的抽象表达可视化，或至少是将它的一些细微方面可视化表达，所以，最后你得到的是一个抽象的抽象。

图 1.5.1 中描述了抽象事实的过程。举一个现实中的例子，比如在一家大型超市中，每天都有大量的商品卖出，这就是现实世界所发生的情况。这些商品都将经过前端的扫描器 POS（Point Of Sale）完成交易，形成数据，最终被存储在终端后台中。经过数据分析后，成千上万条的数据可能是按时间顺序被导入 BI 系统中的，再进行汇总及分析。这些数据在初始阶段可能是以表或者交叉表的形式呈现的，表中详实地展示了多个数据点，如某日期下某个商品在某个店铺的销售金额，这是第一次抽象过程。至此，实现了由现实到数据的过渡。这些表的确也有助于分析人员对局部现实的理解。但是，企业的中高层决策人员更需要洞察数据背后的规律，更进一步支持企业的战略决策。通过将数据生成有意义的柱形图、线图、散点图等可视化图形的手段，可以实现对数据进行再一次的抽象化。最终，让人们完全理解和把握现实世界，这就是可视化分析的价值所在。

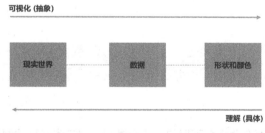

图 1.5.1

虽然数据可视化能为决策者提供有价值的数据洞察，但这不等于说所有的数据可视化都是有价值的。设计者需要在图形选用、颜色搭配、空间布局、主题设定等方面花更多的工夫，从而令决策人员更容易理解数据可视化所传递的洞察，以便于采取实际行动。数据可视化设计与数据建模是两个不同的知识领域，数据可视化设计也并非本书的主题。对数据可视化设计有进一步提高要求的读者可以参考《数据之美：一本书学会可视化设计》等书籍来提高数据可视化设计水平。

数据可视化的能力修炼不是一蹴而就的事情，需要系统地学习与实践才能有长足的进步。

一般人的数据可视化学习之路分为以下 3 个阶段。

1. 技法

在此阶段，分析师能通过数据和图形准确地呈现数据分析结果，并发现数据背后的规律；熟知 Tableau 和 Power BI 的各项操作及对应的函数语言，例如，Tableau 的各种函数、LOD、表计算等常识，Power BI 的 DAX 函数、Power Query 常规操作；可以利用工具派生新的分析维度；同时，能很好地理解各种图形的使用场景和特点，能帮助分析师在技法层面最大程度地发挥可视化的特性与优点。图 1.5.2 为在 Tableau 中创建的季节性同比图，此图表达的内容非常直观易懂，而分析师仅仅需要掌握基础的工具操作就能完成。

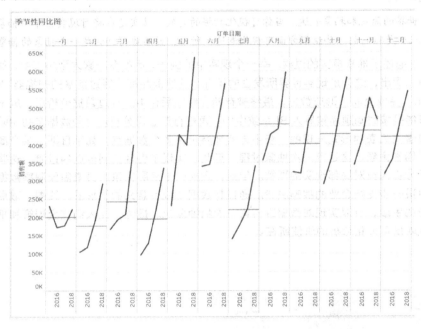

图 1.5.2

2. 术法

尽管 Power BI 和 Tableau 在构图方面有着完全不同的方式和逻辑，但二者又殊途同归。这两个既有内涵，又有"颜值"的工具，让人爱不释手。

在此阶段，分析师除要熟练掌握工具的使用技巧外，还需要对数据可视化有更加深入的理解，能够通过最终所呈现的视觉效果使读者产生情感共鸣。

图 1.5.3 展示的是伊拉克人员伤亡人数的可视化作品(引用《南华早报》2015 年的作品)，尽管左右两张图背后的数据完全相同，使用的主要图形皆为柱形图，但构图风格、颜色选择的差别，给人带来了完全不同的感知：红色主题形象地传达了作者要表达的信息：血腥与暴力；相比之下，蓝色主题给人带来的是乐观与和平，形象地表达死亡人数正在减少的观点（具体效果图可在作者公众号里查看）。

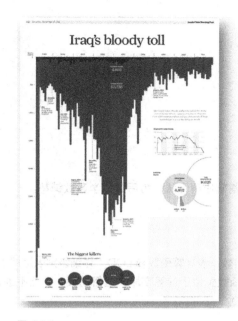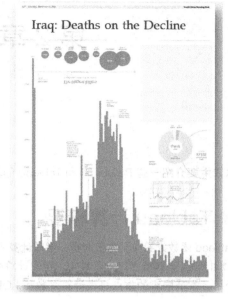

图 1.5.3

3. 道法

本质上，所有的数据分析都是围绕解决一个问题而展开的分析：数值和维度的关系。

在此阶段，数据分析不再停留在视觉享受的层面，反而进入了一种返璞归真的状态。分析师舍弃了一切绚丽浮华的非重点修饰之后，将精力投入在解决关键问题上，用最简单的方式解决最重要的问题。图 1.5.4 所示的为篮子分析，此图表在效果方面虽然不如图 1.5.3 那般惊艳，但结果中体现了非常有含金量的商业洞察。

图 1.5.4

当然，学习数据可视化是一个循序渐进的过程，没有扎实的"技"的积累，就不会有 "术"的升华，更不会达到最后"道"的境界。不积跬步，无以至千里。分析师修炼之路要从夯实基础开始，然后精益求精，最后向着数据可视化的最高层级前进！

第 2 章
基础知识

本章主要介绍一些 Power BI 和 Tableau 的基础使用方法，为后面的学习做铺垫。

2.1 Tableau 计算精要

Tableau 函数大致可分为三大类：字段计算函数、表计算函数和 LOD（详细级别表达式）。表 2.1.1 中列出了其特点简介。其中，字段计算函数类似于计算字段，通俗易懂，在此不进行详细介绍。本节内容的重点是表计算函数和 LOD。

表 2.1.1

函数类型	英文名称	特征	典型计算例子	计算阶段
字段计算	Field Calculation	基于数据集的普通计算公式	求和、均值、计数	聚合前
表计算	Table Calculation	基于聚合计算字段的表计算	年同比计算、年度累积计算、排序	聚合后
详细级别表达式	LOD（Level of Details）	固定/排除/包括，统称详细级别的聚合计算	客户初次购买日期、客户购买频次	聚合过程中

2.1.1 表计算

表计算是常见及重要的分析概念，其功能是在数据聚合后进行二次聚合计算。Tableau 提供了很强大的表计算操作选项，表计算公式可通过菜单操作生成。其中，快速表计算功能中提供了 11 种具有代表性的计算方式，例如汇总、合计百分比、排序等，满足绝大多数的商业分析需求，如图 2.1.1 所示。

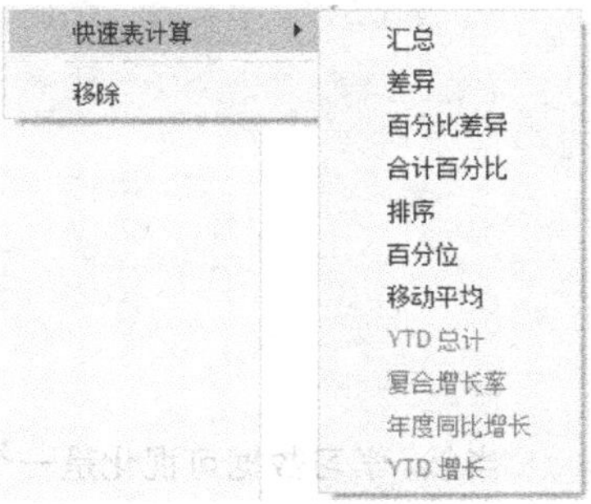

表计算方向：除了计算方式，另一个表计算的重要元素是【计算依据】。通常来说，依据区域可以是表、区、单元格和特定维度。计算方向可以是向下、横穿或者是两者

图 2.1.1

的组合，表计算依据无法通过公式实现，需要通过【编辑表计算】功能完成，如图 2.1.2 所示。值得一提示的是，区和单元格是非常重要的概念，在后面的例子中会经常使用它们。

国家	省/自治区	订单日期 2015	2016	2017	2018
中国	安徽	¥114,934 [1]	¥226,148 [2]	¥379,208 [3]	¥563,333 [4]
	北京	¥76,155 [1]	¥123,919 [2]	¥234,656 [3]	¥409,147 [4]
	福建	¥102,315 [1]	¥170,236 [2]	¥370,995 [3]	¥546,904 [4]
	甘肃	¥47,267 [1]	¥83,266 [2]	¥122,027 [3]	¥179,270 [4]
	广东	¥263,695 [1]	¥684,167 [2]	¥1,060,352 [3]	¥1,452,930 [4]
	广西	¥48,350 [1]	¥118,700 [2]	¥191,261 [3]	¥377,654 [4]
	贵州	¥15,893 [1]	¥50,164 [2]	¥67,890 [3]	¥108,142 [4]
	海南	¥18,511 [1]	¥57,472 [2]	¥121,324 [3]	¥169,257 [4]
	河北	¥227,146 [1]	¥328,574 [2]	¥510,622 [3]	¥790,915 [4]
	河南	¥79,323 [1]	¥335,299 [2]	¥567,877 [3]	¥853,575 [4]
	黑龙江	¥267,408 [1]	¥453,109 [2]	¥781,399 [3]	¥1,178,801 [4]
	湖北	¥135,045 [1]	¥268,722 [2]	¥385,637 [3]	¥621,960 [4]

图 2.1.2

复合表计算：除了上文介绍的 11 种普通表计算功能，Tableau 还有令人惊叹的复合表计算功能，即在已有的表计算结果上进行二次表计算。例如，在汇总表计算的结果上计算合计百分比，其结果为汇总合计百分比表计算，帕累托分析就是对基于该复合表计算的结果的分析。

图 2.1.3 所示的为复合表计算界面。第一次表计算是汇总计算，第二次表计算是基于合计结果的差异表计算，后文会有详细案例重点介绍复合表计算。

国家	省/自治区	订单日期 2015	2016	2017	2018
中国	安徽		¥111,214	¥153,060	¥184,125
	北京		¥47,765	¥110,736	¥174,492
	福建		¥67,921	¥200,759	¥175,909
	甘肃		¥35,999	¥38,760	¥57,243
	广东		¥420,472	¥376,185	¥392,577
	广西		¥70,351	¥72,561	¥186,393
	贵州		¥34,270	¥17,727	¥40,252
	海南		¥38,961	¥63,852	¥47,933
	河北		¥101,428	¥182,048	¥280,294
	河南		¥255,975	¥232,579	¥285,698
	黑龙江		¥185,702	¥328,289	¥397,402
	湖北		¥133,677	¥116,915	¥236,324
	湖南		¥156,606	¥124,373	¥278,960
	吉林		¥115,734	¥217,296	¥236,380
	江苏		¥139,943	¥181,422	¥201,512
	江西		¥39,231	¥61,553	¥106,558
	辽宁		¥174,451	¥209,087	¥317,221
	内蒙古		¥48,071	¥77,161	¥88,434
	宁夏		¥1,855	¥18,661	¥24,919
	青海		¥0	¥31,300	¥18,564
	山东		¥443,584	¥424,080	¥526,719
	山西		¥57,944	¥66,389	¥160,843
	陕西		¥121,664	¥103,939	¥127,309
	上海		¥151,189	¥185,819	¥145,301
	四川		¥133,221	¥101,074	¥106,015

图 2.1.3

通过 Tableau 的菜单操作，虽然可以瞬间完成表计算操作，但读者有必要了解一下通过菜单生成相应的表计算公式的含义。表 2.1.2 中包括了 Tableau 中最基本的关键表计算公式。

表 2.1.2

表计算公式名称	表计算公式的含义
WINDOW_AVG	返回窗口中表达式的平均值
WINDOW_SUM	返回窗口中表达式的总和
WINDOW_MEDIAN	返回窗口中表达式的中位数
RUNNING_AVG	返回当前区域中从第一行到当前行的平均值
RUNNING_SUM	返回当前区域中从第一行到当前行的总和
RUNNING_COUNT	返回当前区域中从第一行到当前行的计数
LOOKUP	返回目标行中相对偏移量中的表达式值
TOTAL	返回组成分区的所有数据的总计
FIRST	返回当前行到分区中第一行的行数
INDEX	返回分区中的当前索引
LAST	返回当前行到分区中最后一行的行数

2.1.2 详细层级计算

LOD 函数是 Tableau 9.0 以后的版本推出的概念，其提供了更细粒度的计算聚合功能。LOD 表达式有三种逻辑表达形式：FIXED（固定）、INCLUDE（包含）、EXCLUDE（排除），如表 2.1.3 所示。图 2.1.4 所示的是 Tableau 官网对 LOD 的公式结构的解释。

表 2.1.3

LOD表达式	LOD定义
FIXED	独立于视觉维度的级别控制
INCLUDE	基于视觉维度的细致级别控制
EXCLUDE	基于视觉维度的粗化级别控制

INCLUDE/EXCLUDE 在逻辑上是相互对应的关系，而 FIXED 自成一体。不同的 LOD 表达式具有不同的筛选优先顺序。如图 2.1.5 所示，FIXED 会优先于维度筛选，而 INCLUDE/EXCLUDE 则在维度筛选之后。需要强调一点，LOD 函数自身可带多层嵌套，用于更加复杂的逻辑表达分析，后文会介绍。

上述内容属于基础知识，此处仅作为对 Tableau 重要概念的总结。如需要了解更详细的内容，则可在Tableau官网中找寻更多参考资料，也可阅读作者的另一部作品《商业智能数据分析：从零开始学 Power BI 和 Tableau 自助式 BI》。

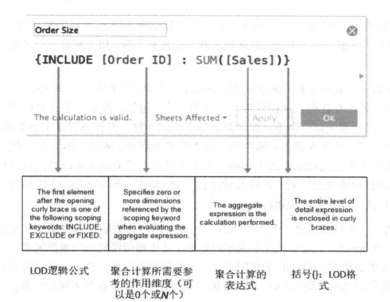

图 2.1.4

图 2.1.5

2.2 Power BI 计算精要

2.2.1 Power BI 与 Excel

Power BI 中的分析公式分为两大类：DAX（表格型）公式和 MDX（多维分析）公式。相比之下，DAX 公式更为简化，易于理解，因此，近年来 DAX 公式渐渐成为主流趋势，而且 DAX 公式可用于 Analysis Services、Power BI 和 Excel 中。有人戏称，学会了 DAX，就等于同时会了三种工具，本书内容也是围绕 DAX 公式展开的。

DAX 与 Excel 函数同属于分析语言，许多 Excel 函数在 DAX 环境下也是通用的。例如，LEFT、IF、SUM 等函数。但是，DAX 和 Excel 函数又存在明显的不同。以下将从三个角度比较它们的差异。

DAX 度量（Measure）：依存于内存的列计算。Excel 公式的计算依据为"单元格"，但在 DAX 中，"单元格"是不存在的。这样做极大地节约了计算资源，度量只有在被使用时才会占用内存，也不占用硬盘空间。由于度量计算是基于列的计算，其计算引擎十分高效，几十万行数值的聚合计算在 4GB 内存的电脑中运行是很轻松的事情。同时，DAX 还会优化压缩源文件数据，PBIX 文件往往比原有的 Excel/文本文件更小。而 Excel 中的单元格计算不仅消耗内存资源，而且需要硬盘空间，其计算效能远不如 DAX，复杂的 Excel 工作簿在运行时还会导致文件崩溃，强制关闭应用程序。

表关联：DAX 的另一个特点是允许表与表依据一定的规则进行关联，这样避免了使用 Excel 工作表的必要。众所周知，Excel 的工作表是导致 Excel 性能问题的一个重要因素，因为如果在 Excel 工作表中使用 VLOOKUP 公式则会产生大量的数据冗余，资源消耗会随着表的复杂程度的增长呈几何级增长，而 DAX 的表关联很好地弥补了 Excel 在此方面的局限。

引用变量：在 Excel 公式中经常使用单元格引用，这种方式虽然很方便，但也有极大的隐患，一旦单元格位置发生变化，则可能导致公式错误。因为 DAX 度量是列计算，不存在引用单一单元格的情况，除非整列字段被删除，否则 DAX 公式不受表格字段变动的影响。DAX 公式还可以相互嵌套使用，实现许多复杂的业务逻辑。DAX 公式有"写一次，永久运行"的优点。

说了这么多 DAX 的好处，那么 DAX 就没有缺点吗？并不是，DAX 不是编程语言，DAX 不仅没有单元格，也没有像 While、Loop 语句的循环逻辑。因此，当遇到非使用单元格不可或计算复杂循环逻辑的场景时，仍然需要通过 VBA、SQL 等编程语言解决，这不属于商业智能的范畴。

2.2.2 度量与计算列

DAX 的计算公式可以分为两大类：度量（Measure）与计算列（Calculated Columns），表 2.2.1 中列举了二者的主要区别。

表 2.2.1

	计 算 列	度 量
应用	基于行上下文的计算，用于列数据整理或者辅助列	基于筛选上下文进行列计算
计算方向	横向计算	纵向计算
计算结果	静态	动态（根据上下文转变）
例子	X列 – Y列、LEFT()	SUM销售额
资源消耗	消耗硬盘空间与内存	仅使用时消耗内存

另外，由于数量庞大的计算列会拖慢模型的性能，因此，在既可以使用度量又可以使用计算列的情况下，一般优先使用度量。如果需要使用计算列，则必须清楚是什么原因不能使用度量替代。

注意： 度量为列计算，而计算列为行计算，列计算与计算列不是同一个事物。计算列公式与 Excel 公式都是相通的，运算方式也与 Excel 中的表运算相同，如图 2.2.1 所示，"@"表示其为 Excel 表（Table）。

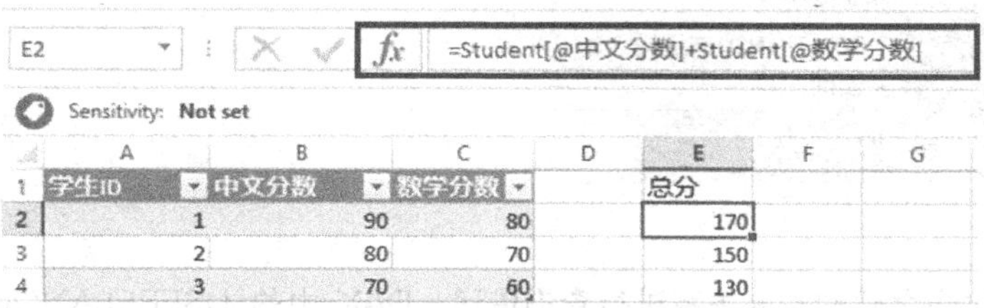

图 2.2.1

2.2.3　行上下文与筛选上下文

什么是上下文？比如朋友说今晚吃鸡。如果此刻你们在餐厅，那么你会理解为他想吃鸡肉。如果此刻你们在玩手机，那么你会理解为他想玩《荒野生存》游戏。这就是对上下文的通俗比喻：根据当前不同语境下所指的不同事物。DAX 中的上下文分为两种：行上下文（Row Context）和筛选上下文（Filter Context）。

1.　行上下文（Row Context）

行上下文比较容易理解，即进行"当前"行的操作，图 2.2.1 所示的是一个行上下文的例子，公式中虽然没有标明具体的行，但 Excel 只对"当前"行进行求和运算。在本质上，Excel 表与 Power BI 中的计算列的运算原理都是依据行上下文操作的。

2.　筛选上下文（Filter Context）

筛选上下文是指所有作用于 DAX 度量的筛选。这里将其筛选逻辑分为三个筛选层次（见图 2.2.2 所示），更好地帮助读者理解。

（1）外部筛选：任何存在于可视化层级的上下文筛选，包括任何图表本身、视觉级、页面级和报表级筛选器。外部筛选通过外部可视化操作对度量进行筛选操作。外部筛选也被称为隐性筛选，筛选设置不依存于度量中。

（2）DAX 筛选：DAX 筛选指 DAX 公式内部自身的筛选设置。例如，CALCULATE 函数中的 FILTER 参数就是典型的 DAX 筛选。通过 FILTER 定义的筛选条件，可覆盖外部筛选的结果。DAX 筛选也被称为显性筛选，因为筛选条件直接依存于公式自身，后文有具体介绍。

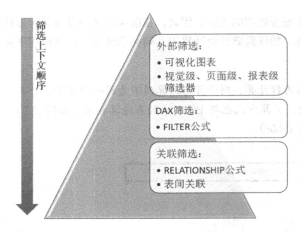

筛选上下文顺序

外部筛选：
- 可视化图表
- 视觉级、页面级、报表级筛选器

DAX筛选：
- FILTER公式

关联筛选：
- RELATIONSHIP公式
- 表间关联

图 2.2.2

（3）关联筛选：通过表之间的关联关系进行查询传递，DAX 中的 USERELATIONSHIP 语句就是一个很好的例子，关联方式会改变外部筛选和 DAX 筛选的结果。

相比 Tableau，DAX 中没有类似表计算和 LOD 这样的专门术语，但 DAX 专有的函数可以实现相同的功能。例如，LOD 中的 FIXED、INCLUDE 和 EXCLUDE 函数功能与 DAX 中的 ALL、ALLEXCEPT、ALLSELECTED 函数的功能对应。DAX 度量的核心能力之一在于通过筛选上下文转换，将查询范围缩小至满足筛选条件的子集表中，在其内完成指定的聚合计算。

2.2.4　DAX 精华公式

此处对 DAX 公式进行延伸，为读者介绍几款功能强大又有趣的公式。以下公式大部分来自微软官网，读者还可通过关键字在网上查找更详细的解释。

1. CALCULATETABLE——CALCULATE 的姐妹

公式：CALCULATETABLE(<表达式>,<筛选器 1>,<筛选器 2>,…)

解释："众所周知，CALCULATE 是 DAX 的核心函数，可将计算列和度量进行上下文转换。通过 DAX 筛选返回满足条件的子数据集，再进行聚合运算并返回结果度量。作为 CALCULATE 的姐妹公式，CALCULATETABLE 的工作原理与 CALCULATE 相似，只是 CALCULATETABLE 返回的是表，而非单一的度量。

示例：=SUMX(CALCULATETABLE('InternetSales_USD','DateTime'[Calendar Year]=2006), [SalesAmount_USD])

在上述例子中，CALCUCLATETABLE 公式返回了一张日期为 2006 年的'InternetSales_USD'表中的子表。

2. CROSSJOIN——DAX 中的笛卡儿积的表

公式：CROSSJOIN(<表格>，<表格>[，<表格>]…)

解释：CROSSJOIN 用于返回使用表格中所有字段的所有行的笛卡儿积的表。

示例：CROSSJOIN(Colors, Stationery)

3. SUMMARIZE——强大的依组分类摘要表

公式：SUMMARIZE(<表格>，<分类字段>[，<分类字段>]…[，<命名列名>，<表达式>]…)

解释：SUMMARIZE 用于对表进行依据字段信息进行分类聚合的计算分析，返回的结果为信息摘要表。

示例：SUMMARIZE(ResellerSales_USD, DateTime[CalendarYear],

ProductCategory[ProductCategoryName],

"Sales Amount (USD)", SUM(ResellerSales_USD[SalesAmount_USD])

)

在上述例子中，SUMMARIZE 函数依据【CalendarYear】和【ProductCategoryName】维度对字段【SalesAmount_USD】进行求和。最终返回摘要表。熟悉 SQL 语句的读者对此不会感到陌生，SUMMARIZE 函数的作用相当于 SQL 语句的 GROUP BY 的作用。

4. SUMMARIZECOLUMNS——跨表的摘要表

公式：SUMMARIZECOLUMNS (<分类字段> [，< 分类字段 >]…，[<筛选器表格>]…[，<命名列名>，<表达式>]…)

解释：与 SUMMARIZE 相似，SUMMARIZECOLUMNS 也是对数据进行摘要，但是不同的地方在于，SUMMARIZECOLUMNS 所依据的维度字段可以不局限于一张表。

示例：SUMMARIZECOLUMNS ('Sales Territory'[Category], 'Customer'[Education], FILTER('Customer', 'Customer'[First Name] = "Alicia"))

在上述公式中，公式依据源自不同表中的字段的【Category】、【Education】维度对满足条件'Customer'【First Name】= "Alicia" 的表子集进行摘要分析。

5. ADDCOLUMNS——为表添加字段列

公式：ADDCOLUMNS(<表格>，<命名列名>，<表达式>[，<命名列名>，<表达式>]…)

解释：将表达式以计算列的形式添加到指定的表中。

示例：ADDCOLUMNS(ProductCategory, "Internet Sales", SUMX(RELATEDTABLE (InternetSales_USD), InternetSales_USD[SalesAmount_USD]),"Reseller Sales",

```
SUMX (RELAT EDTABLE(ResellerSales_USD), ResellerSales_USD[SalesAmount_
USD]))
```

在上述公式中，将字段列【Internet Sales】和【Reseller Sales】分别添加至表 Product Category 中。

6. LOOKUPVALUE——DAX 中的 VLOOKUP 函数

公式：LOOKUPVALUE（<结果栏字段>，<匹配栏字段>，<匹配值>[，<匹配栏字段>，<匹配值>]…）

解释：为满足由<匹配栏字段>和 <匹配值>指定的所有标准的行返回 <结果栏字段>中的值。需要注意的是，匹配栏字段可以是多个字段选项。

公式：LOOKUPVALUE(Product[SafetyStockLevel],[ProductName],"Mountain-400-W Silver, 46")

在上述例子中，通过字段【ProductName】的值 "Mountain-400-W Silver, 46 " 匹配所对应的【Product】表中的【SafetyStockLevel】（安全库存）字段。

2.3 时间函数

本书将时间函数单独作为一节重点介绍，是因为时间维度在商业分析中具有非常特殊的作用。

2.3.1 Tableau 的时间函数

Tableau 中的日期类型总共分为两种：离散型与连续型，如图 2.3.1 所示。其中离散型日期胶囊为蓝色，连续型日期胶囊为绿色。

离散型　　　　　连续型

图 2.3.1

图 2.3.2 所示的为两种日期类型的对比结果。显然，离散型日期更适用于柱形图，而连续型日期更适用于类似折线图等连续型可视化图。单击日期胶囊中的加号按钮，可对日期进行下钻至季、月、周、日等，包括"精确日期"。

用鼠标右击选中维度区中的【订单日期】胶囊，将其拖曳至工作表【行】中，界面中会弹出【放置字段】对话框，如图 2.3.3 所示。对话框中有两组类似的日期单位，上方为离散型日期单位，下方为连续型日期单位。其中符号 " ＃ "代表离散型日期单位、" 🕒 "代表连续型日期单位。

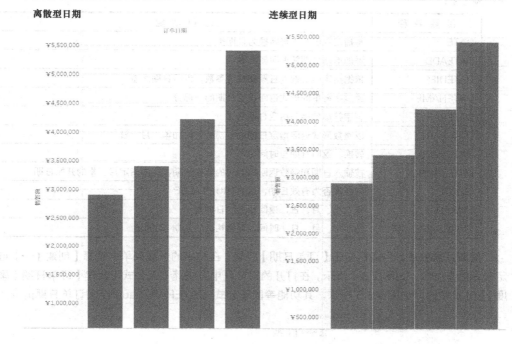

离散型日期   连续型日期

图 2.3.2

图 2.3.3

Tableau 中提供了多种日期函数，表 2.3.1 中列举了主要函数的功能。

表 2.3.1

函 数 名 称	函 数 功 能
DATE	将指定数值、字符转换为日期类型
DATEADD	添加增量日期并返回新日期
DATEDIFF	依据指定两个输入日期和单位参数，返回日期之差
DATENAME	通过字符串的形式返回指定日期的一部分
DATEPARSE	将字符串转换为指定日期格式
DATEPART	以整数形式返回指定日期的一部分，比如年、月、日
DATETIME	转换、返回日期与时间
DATETRUNC	按输入日期和参数返回相对应的起始日期，比如指定月、季的开始日期
ISDATE	判断是否为有效日期，返回TRUE/FALSE
MAKEDATE	输入年、月、日，返回构造的日期值
MAKEDATETIME	输入年、月、日、时间，返回构造的日期+时间值

需要注意的是，用鼠标右击【订单日期】胶囊，在弹出的快捷菜单中选择【创建】→【自定义日期】命令，如图 2.3.4 所示。在打开的对话框中可快速（无公式）创建【订单日期（季度）】计算字段，如图 2.3.5 所示，其功能等同于公式 DATEPART('quarter',[订单日期])。

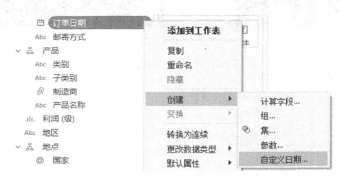

图 2.3.4

图 2.3.5

在 Tableau 模型中，不建议创建独立的日期维度表，大部分的时间计算都可以直接通过 Tableau 的日期函数完成。

2.3.2 Power BI 中的时间函数

1. 时间日期表

在 Power BI 模型中，大多数时候都需要创建专有的日期表，尤其是在多表中都有日期字段时，统一专有的日期表十分必要。在创建日期表时，日期字段需要满足以下条件：

- 包含唯一值（1 表要求）；

- 不包含任何空值；

- 包含连续的日期值（从开头到结尾）；

- 如果是日期/时间数据类型，则每个值都要具有相同的时间戳（比如都是 00:00 或者 12:00）。

下面的公式为简单的日期表创建公式。此公式是以订单日期的最小值和最大值为依据的时间范围且返回【Date】字段。然后用户可以通过 DAX 公式，依据【Date】字段，创建更多自定义的日期字段。若需要更丰富的日期字段，则可在 Power BI 中创建新表，输入以下公式，效果如图 2.3.6 所示。

```
日期表 = CALENDAR ( MIN('订单'[订单日期]), MAX('订单'[订单日期]) )

日期表 =

VAR BaseCalendar = CALENDAR ( MIN('订单'[订单日期]), MAX('订单'[订单日期]) ) //将日历做成一个变量 BaseCalendar

RETURN

    GENERATE (// GENERATE ( <表 1>, <表 2> )函数返回表 1 和表 2 的交叉表

            BaseCalendar, //baseCalendar 为表 1

            VAR Basedate = [Date]

            VAR YearDate = YEAR ( Basedate )

            VAR MonthNumber =MONTH ( Basedate )

            RETURN // 返回单行表以及所写的列表达式

                ROW (

    "年", YearDate, "季度数",FORMAT(Basedate,"Q"), "月", FORMAT
( Basedate, "mmm" ) ,"日",DAY(Basedate),

    "月份数", MonthNumber, "年月", FORMAT ( Basedate, "yyyy-mmmm" ),

    "日期键", YearDate & FORMAT([Date],"mm") & FORMAT([Date],"dd")

                )

        )
```

以上公式是在原有的简单日期表的基础上通过 GENERATE 函数产生的相关日期字段。

图 2.3.6

注意，【日期键】字段的数据类型为文本字符串，在遇到订单日期为日期+时间的形式时，此字段无法直接与【Date】关联，原因是部分时间无法匹配。在这种情况下需要在两张表中分别创建【日期键】字段，完成关联。

2. 标记为日期表

通过 Power BI 的菜单可将【Date】字段标记为日期表，如图 2.3.7 所示。

图 2.3.7

微软官方对标记为日期表功能给出了以下提醒和建议：

请务必注意，用户在指定自己的日期表时，Power BI Desktop 不会自动创建将代表用户构建到模型中的层次结构。在 Power BI Desktop 中，如果取消选择日期表（并且不再具有手动设置的日期表），则 Power BI Desktop 将针对表中的日期列为用户重新自动创建内置日期表。

另请务必注意，在将表标记为日期表时，将删除 Power BI Desktop 创建的内置（自动创建的）日期表，并且之前基于这些内置表创建的任何视觉对象或 DAX 表达式将不再正常工作。

在实际使用中，只要创建了图 2.3.6 所示的日期表（如上例子），并产生了有效的表关联，标记为日期表就不是必要的了。

3. 时间智能函数

DAX 日期函数大致分为两种。

（1）普通日期函数

普通日期函数有 CALENDAR、CALENDARAUTO、DATEDIFF、WEEKNUM、EDATE、EOMONTH 等。

（2）时间智能函数

时间智能函数是指对输入值带有日期识别功能的函数，通过使用时间智能函数确定日期范围，再结合聚合函数和 CALCULATE 函数就可以进行各种时间的比较计算。表 2.3.1 中列出一部分主要的时间智能函数。

表 2.3.1

函 数 名 称	函 数 功 能
DATEADD	返回依据参数值向前或向后平移日期范围值
DATESBETWEEN	返回依据参数值的开始到结束日期的范围值
PARALLELPERIOD	与DATEADD函数相似，向前或向后平移日期范围
DATESINPERIOD	返回依据参数值向前或向后平移日期值
DATESMTD,DATESQTD, DATESYTD	返回从当月、季、年开始到当前日期截止的日期范围值
FIRSTDATE, LASTDATE	依据当前上下文日期返回当前最先/后日期
NEXTDAY,NEXTMONTH, NEXTQUARTER,NEXTYEAR	依据当前上下文返回当前日期之后的日期
PREVIOUSDAY,PREVIOUSMONTH, PREVIOUSQUARTER,PREVIOUSYEAR	依据当前上下文返回当前日期之前的日期

注意：时间智能函数参数必须使用日期表中的日期键才生效。

回到上例的日期表中，依据表 2.3.2 所示的公式创建新日期字段。

表 2.3.2

公 式 名 称	公 式 详 情
按年计数	= COUNTROWS（FILTER (ALL('日期表'), '日期表'[Date]<=EARLIER ('日期表'[Date]) && EARLIER('日期表'[年]='日期表'[年]))
按季计数	=COUNTROWS（FILTER (ALL('日期表'), '日期表'[Date]<=EARLIER ('日期表'[Date]) && EARLIER('日期表'[年])='日期表'[年]&&EARLIER('日期表'[季度数])='日期表'[季度数]))
按月计数	= DAY('日期表'[Date])
年月序列	= ('日期表'[年]– MIN('日期表'[年]) * 12 + '日期表'[月份数]
年季序列	= ('日期表'[年] – MIN('日期表'[年])) * 4 +[季度数]

表2.3.2 所示的为DAX计算列公式,其中频繁使用到了 ALL、EARLIER、FILTER、COUNTROWS 等函数。最让人困惑的 EARLIER 函数，用于需要将当前行与自身列的其他单元格相比较的情况。DAX 中没有单元格的概念，必须借助 EARLIER 函数（在旧版本中被称为 OUTER 函数）

返回相同"列"中的其他单元格作为当前行值，再与自身列进行对比。

比如，在'Date'[Date]<=EARLIER ('Date'[Date])中，EARLIER 是参照列，与'Date'[Date]相比，对第一行"20050101"来说，其逻辑为：'Date'[Date]<='20150101'，小于或等于它的值只有它自己，因此通过 COUNTROWS 函数计算返回结果"1"。

笔者理解该逻辑的口诀为："Eariler，即 OUTER，对比全，返当前"。

2.4　参数

本节介绍参数的概念。这里以简单的一元一次方程为例，如图 2.4.1 所示。其中 X 为参数，2X+100 为函数部分。接受参数输入这个行为被称为传递参数，简称"传参"，即用参数值作用于度量。

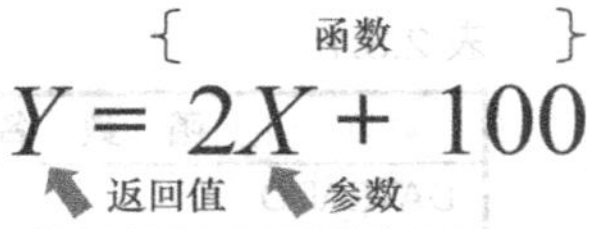

$$\overbrace{\underbrace{Y}_{\text{返回值}} = 2\underbrace{X}_{\text{参数}} + 100}^{\text{函数}}$$

图 2.4.1

2.4.1　Tableau 参数

用鼠标右击【销售额】字段，在弹出的快捷菜单中选择【创建参数】命令。在弹出的对话框中，可以设置【数据类型】为日期、整数、浮点、布尔值和日期等。【允许的值】接受【全部】、【列表】和【范围】三种类型：【全部】表示允许输入任何值，不受限制；【列表】表示接受指定的字段列表值，如国家字段中的值；【值范围】限定输入值的最大值和最小值；单击【从字段设置】按钮可选取字段作为动态变量，如图 2.4.2 所示。

图 2.4.2

例如，下面创建一个计算字段作为接受参数的公式，其中显示大于参数值的销售额：

大于参数值的销售额＝if【销售额】>【销售额 参数】 then 【销售额】ELSE NULL end

将创建的计算字段与参数添加至工作表中，如图 2.4.3 所示。通过调整参数值，可设置销售柱形图中的值。

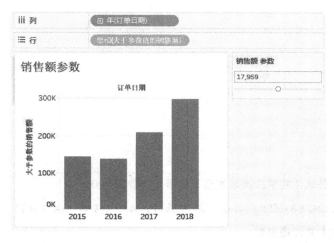

图 2.4.3

2.4.2　Power BI 参数

Power BI 中有两种参数类型：内存（度量）参数与文件参数（见图 2.4.4）。二者的不同之处在于作用的范围。内存参数的使用比较普遍，其参数值为度量值，可以传参给其他度量值，但不能作用于文件中的字段。而文件参数基于文件中的表格字段。

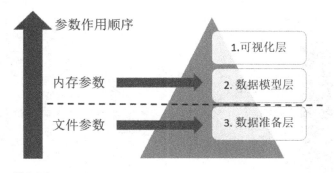

图 2.4.4

1.　创建内存参数

最简单创建参数的方法是单击【创建参数】命令，在打开的对话框中输入参数值，如图 2.4.5 所示。这里的最大值、最小值皆为静态，不适用于本案例。

图 2.4.5

接着创建新表并输入以下公式（将字段类型调整为货币，小数位为 0）：

销售范围 = GENERATESERIES(MIN('订单'[销售额]),MAX('订单'[销售额]),1)

创建度量值【销售额参数】并传递参数：

销售额参数 = SELECTEDVALUE('销售范围'[Value])

创建度量值【大于参数的销售额】并嵌套参数：

大于参数的销售额 = SUMX(FILTER('订单','订单'[销售额]>[销售额参数]),'订单'[销售额])

添加参数筛选器，使其作用于销售柱形图，如图 2.4.6 所示。

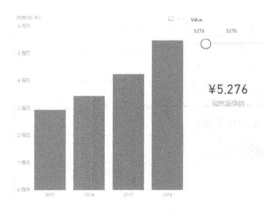

图 2.4.6

2. 创建文件参数

文件参数作用于数据准备层。通过单击【编辑查询】命令可以进入数据准备界面。用鼠标右击【销售额】字段，在弹出的快捷菜单中选择【作为新查询添加】命令。完成后，查询区内出现【销售额】列表，如图 2.4.7 所示。

图 2.4.7

单击【管理参数】→【新建参数】命令，弹出如图 2.4.8 所示的对话框。将【建议的值】设为查询，将【查询】设为【销售额】(列表)。

图 2.4.8

在订单表中添加条件列：单击【编辑查询】→【添加列】→【条件列】命令，在弹出的图 2.4.9 所示的对话框中设置判断条件：大于参数值，输出【销售额】，否则返回空值（null）。设置完成后关闭对话框。

图 2.4.9

确认新创建的字段为小数类型，聚合方式为【求和】，并将其放入柱形图中，如图 2.4.10所示。

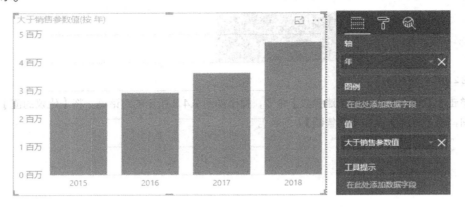

图 2.4.10

单击【编辑查询】→【编辑参数】命令，在打开的对话框中调整参数，作用于计算字段，如图 2.4.11 所示。

图 2.4.11

Power BI 对于文件参数不提供可视化功能，只能通过菜单选项调整。当将工作表发布至线上时，只能通过 Online 设置中的【参数】进行设置及调整。

2.5 度量单位

中国用户习惯用万或千万作为数值度量单位，而在 Power BI 和 Tableau 中默认没有【万】单位，本节通过简单的度量单位转换案例，让读者进一步熟悉两个工具中的数值度量单位，以及参数与计算字段的结合应用。

2.5.1 Tableau 的度量单位

Tableau 中有内置的货币度量单位，用鼠标右击计算字段，在弹出的快捷菜单中选择【默认属性】→【数字格式】命令，如图 2.5.1 所示，在打开的对话框中可以调整标准度量单位，如图 2.5.2 所示。

图 2.5.1

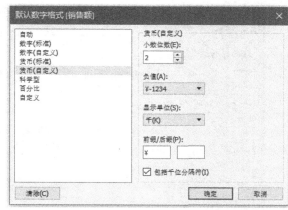

图 2.5.2

值得注意的是，在目前版本的 Tableau 中不能以【万】为单位，若是需要以【万】为单位，则可手动输入度量单位。最快的方式是直接双击胶囊并修改胶囊中的公式，如图 2.5.3 所示。

图 2.5.3

将度量值拖入【度量】区，则成为一个显性度量值，这体现了 Tableau Desktop 的灵活性，如图 2.5.4 所示。

图 2.5.4

除以上两种方法外，还可以使用参数方法创建一个包括【万】和【千万】的度量单位，如图 2.5.5 所示。

创建字段，用于接收参数值：销售额（度量单位）=【销售额】/【货币度量单位】

添加参数到工作表中，通过转换参数设置货币度量单位，如图 2.5.6 所示。

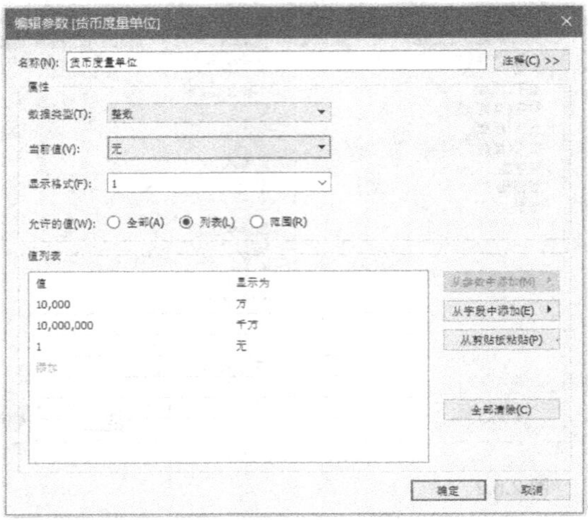

图 2.5.5

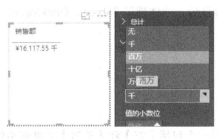

图 2.5.6

2.5.2 Power BI 的刻度单位

对于数值型字段，Power BI 也提供了不同的度量单位，位置在【格式】命令的【字段格式设置】设置中，如图 2.5.7 所示。

图 2.5.7

因为所需的参数比较简单，也固定不变，所以可以单击【输入数据】命令直接创建表，如图 2.5.8 所示。值得注意的是，通过该方法创建的表为常量值，一经加载后，便不可再改动。

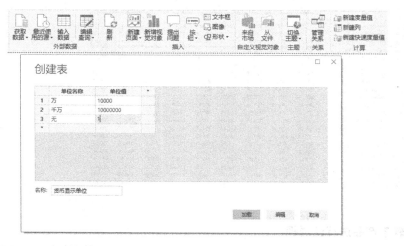

图 2.5.8

通过以下公式，可以创建转换度量值：

销售额（显示单位）= IF(HASONEVALUE('货币显示单位'[单位名称]), SUM('订单'[销售额])/VALUES('货币显示单位'[单位值]), SUM('订单'[销售额]))

公式中的 HASONEVALUE 函数仅仅作为安全筛选器，即先判断筛选器内是否有单一值。结果如图 2.5.9 所示。

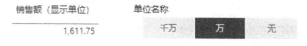

图 2.5.9

2.6 透视与逆透视

2.6.1 逆透视

透视表是 Excel 中经常被使用的功能，其基本原理是在表的轴上增加维度，从而提供丰富的数据洞察。

但当将透视表作为数据源时，则无法被分析工具直接使用，必须通过逆透视的方式将多个字段（维度）转换为一个字段（维度）。这里形象地将其称为"降维打击"，其思路为"展平"数据表，然后重新添加"维度"。

打开下载文件"财务分析示例数据"，此文件中有多列日期列，这里通过逆透视将其变换为一列。本节会结合微软系产品和 Tableau 演示具体的操作过程，如图 2.6.1 所示。

	A	B	C	D	E	F	G	H	I	J	K	L
1	Actual/Budget	entity	SubCategory	201601	201602	201603	201604	201605	201606	201607	201608	201609
2	Actual	Praxair	Revenue	620.90	115.67	49.27	173.97	731.69	268.53	979.22	704.39	969.41
3	Actual	Praxair	GODS	875.94	36.52	528.84	724.12	512.68	65.17	110.25	201.17	140.02
4	Actual	Praxair	Debt Obligations	931.98	505.92	707.79	378.91	66.06	213.86	994.76	271.58	909.83
5	Actual	Praxair	Depreciation Expense	459.91	358.78	733.93	7.97	863.32	662.33	207.67	194.28	374.35
6	Actual	Praxair	Fuel	725.19	235.41	109.76	972.43	728.89	982.90	325.82	351.67	121.65
7	Actual	Praxair	Equipment	448.02	533.48	803.39	667.06	214.83	876.91	341.09	257.71	132.34
8	Actual	Praxair	General & Admin	385.84	104.16	597.17	68.64	927.91	446.39	338.70	526.38	229.13
9	Actual	Praxair	Insurance	270.57	574.49	867.14	305.39	615.37	7.28	816.73	539.84	486.64
10	Actual	Praxair	Marketing	450.75	799.68	372.19	283.30	156.73	771.30	293.65	134.65	150.00
11	Actual	Apotheca	Revenue	608.95	265.92	275.44	546.91	402.48	264.40	346.71	934.98	756.98
12	Actual	Apotheca	GODS	175.40	935.78	440.90	586.75	697.82	134.85	113.72	296.38	814.96
13	Actual	Apotheca	Debt Obligations	636.84	318.01	810.89	44.38	67.45	546.11	265.73	680.13	245.09
14	Actual	Apotheca	Depreciation Expense	366.69	194.48	786.65	832.22	356.48	972.62	156.54	894.58	216.23
15	Actual	Apotheca	Fuel	55.25	528.05	154.99	79.32	761.75	496.95	4.30	506.64	125.54
16	Actual	Apotheca	Equipment	956.45	925.01	447.92	156.23	845.24	760.48	163.42	979.58	512.24
17	Actual	Apotheca	General & Admin	354.11	569.57	166.48	295.31	413.32	886.00	467.89	667.68	715.26
18	Actual	Apotheca	Insurance	543.69	683.02	5.01	525.92	707.39	336.91	818.62	884.44	347.85
19	Actual	Apotheca	Marketing	904.95	818.62	303.26	768.37	938.86	515.44	819.79	963.21	657.61
20	Actual	Holston	Revenue	57.48	603.84	985.32	990.09	238.29	117.75	953.35	666.07	895.03
21	Actual	Holston	GODS	906.19	184.24	777.60	962.46	445.61	25.50	974.48	866.41	846.05

图 2.6.1

1. 使用微软系产品进行逆透视

用户可以使用 Power BI 或者 Excel 进行逆透视。首先要将数据导入数据编辑中（可参考 8.9 节内容），选中前三列（不需要逆透视的列），单击菜单中的【转换】→【逆透视】→【逆透视其他列】命令，如图 2.6.2 所示。

完成后，原来不同的日期列全部被归一到【属性】维度上，【值】为其所对应的值，如图 2.6.3 所示。

图 2.6.2

	Actual/Budget	entity	SubCategory	Attribute	1.2 Value
1	Actual	Praxair	Revenue	201601	333.9150031
2	Actual	Praxair	Revenue	201602	649.3491721
3	Actual	Praxair	Revenue	201603	859.1422711
4	Actual	Praxair	Revenue	201604	170.738763
5	Actual	Praxair	Revenue	201605	443.2547714
6	Actual	Praxair	Revenue	201606	568.2514558
7	Actual	Praxair	Revenue	201607	398.1884211
8	Actual	Praxair	Revenue	201608	992.6055318
9	Actual	Praxair	Revenue	201609	924.2787109
10	Actual	Praxair	Revenue	201610	850.035167

图 2.6.3

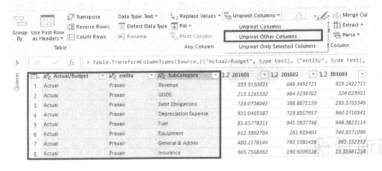

2. 使用 Tableau 进行逆透视

Tableau Desktop 本身带有一些轻量级的数据处理功能，可以直接完成逆透视功能。首先用 Tableau 打开数据表，在按住 Shift 键的同时，用鼠标选中需要处理的字段部分。单击鼠标右键，在弹出的快捷菜单中选择【数据透视表】命令（在 Tableau 的新版本中此命令被改为【转置】），将数据表"展平"，如图 2.6.4 所示。

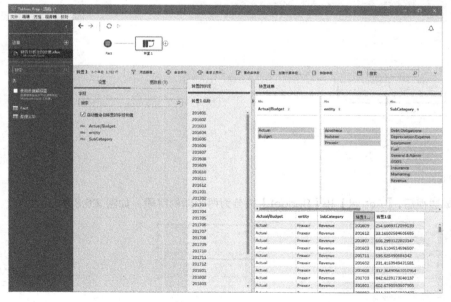

图 2.6.4

如果需要进行复杂的多步骤的数据处理操作，则也可以在 Tableau Prep 中先进行逆透视处理，再导入 Tableau Desktop 中。Tableau Prep 中的逆透视界面如图 2.6.5 所示。

图 2.6.5

另外，Tableau 插件中有一个有趣的功能——【Pivot to table】，如图 2.6.6 所示。其可用于将 Excel 数据透视表转换为平面表（即普通表格）。

图 2.6.6

2.6.2 透视

透视操作与逆透视操作相反，是"升维"操作，即将一个维度升级为多个维度。在前面的例子中，"Actual"和"Budget"都被放置在同一列中，在透视表中要将此列拆为单独两列。

1. 使用微软系产品进行透视操作

选中【Actual/Budget】列，选择菜单中的【Transform】→【Pivot Column】命令，在弹出的对话框中选中"Value"。单击【OK】按钮完成，如图 2.6.7 所示。

图 2.6.7

完成透视后，【Actual】和【Budget】被分为两个新的字段，如图 2.6.8 所示。

	A^B_C entity	A^B_C SubCategory	A^B_C Attribute	1.2 Actual	1.2 Budget
1	Apotheca	Debt Obligations	201601	246.3899022	834.7399476
2	Apotheca	Debt Obligations	201602	708.0608573	529.8853536
3	Apotheca	Debt Obligations	201603	328.918693	759.7080388
4	Apotheca	Debt Obligations	201604	73.10294239	438.2881152
5	Apotheca	Debt Obligations	201605	283.608586	613.039672
6	Apotheca	Debt Obligations	201606	997.2856967	934.3138112
7	Apotheca	Debt Obligations	201607	454.2824815	750.3037697
8	Apotheca	Debt Obligations	201608	358.0082238	227.0092664

图 2.6.8

2. 使用 Tableau 系产品进行透视操作

无论是在 Tableau Desktop 中还是在 Tableau Prep 中，目前都没有直接升维的功能，需要通过添加计算字段完成数据透视操作。直接在 Tableau Desktop 中创建字段，通过判断条件区分【Actual】和【Budget】，如图 2.6.9 所示。

Actual/Budget	Actual	entity	SubCategory	数据透视表字段名称	数据透视表字段值
Actual	383.365	Praxair	Revenue	201601	383.365
Actual	26.383	Praxair	GOOS	201601	26.383
Actual	970.598	Praxair	Debt Obligations	201601	970.598
Actual	109.628				
Actual	17.279		Actual		×
Actual	905.402		if [Actual/Budget] = "Actual" THEN ...		
Actual	483.587		ELSE 0		
Actual	816.759		END		

图 2.6.9

2.7　组的应用

Power BI 和 Tableau 都支持无代码创建数据分组，从而提高了自助性分析的便利性。例如，在本节的案例中，要分析的是几个省份的组合销售情况，这里我们关心的是某些省份的销售情况，分组功能能将我们关心的省份动态地归纳在同一个属性中。

1. Tableau 中的组创建

在 Tableau 中打开数据文件，用鼠标右击【省/自治区】字段，在弹出的快捷菜单中选择【创建】→【组】命令。在打开的对话框中选中目标省份，单击【分组】按钮，形成新组，如图 2.7.1 所示。再勾选【包括"其他"】复选框，将剩余省份归为【其他】类。

分组是动态的，假若要添加新的成员，则可单击组和未分组值，再单击【分组】按钮添加新成员，如图 2.7.1 所示。类似地，若需要取消某个成员，则选中该成员单击【取消分组】按钮完成，如图 2.7.2 所示。

图 2.7.1　　　　　　　　　图 2.7.2

设置完成后，在维度区中可找到创建的组胶囊，如图 2.7.3 所示。

图 2.7.3

2．Power BI 中的组创建

在 Power BI 中打开数据文件，进入数据浏览模式。选择【省】字段，单击菜单中的【建模】→【新建组】命令，如图 2.7.4 所示。在弹出的对话框中选中所需要分析的省份，单击【组】按钮，将其归在【彼得关心的销售区域】列表中，再勾选【包括其他组】复选框，Power BI 自动将未归类的组放入【其他】组中，如图 2.7.5 所示。

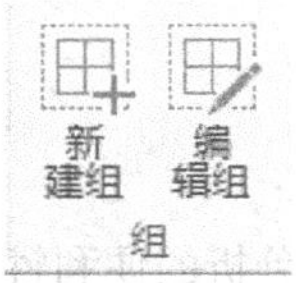

图 2.7.4

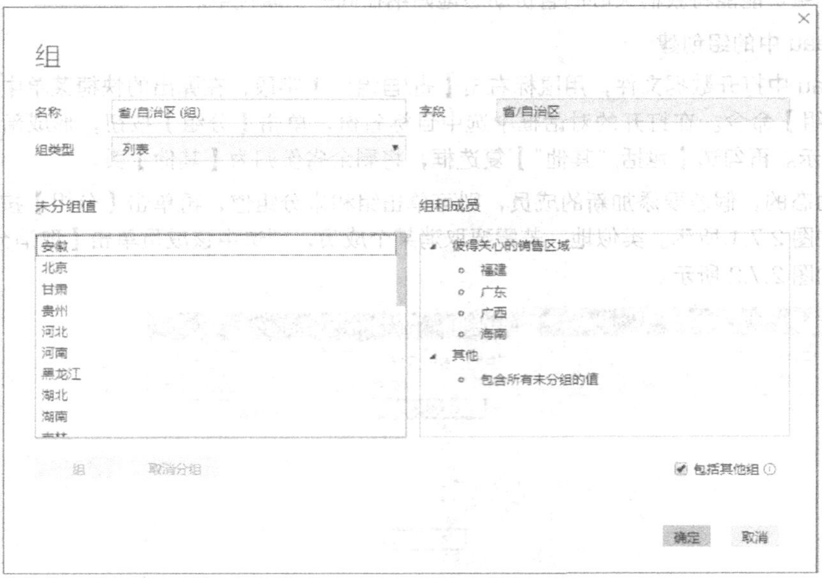

图 2.7.5

在 Power BI 中调整组成员的方法与 Tableau 雷同，这里不再赘述，如图 2.7.6 所示。

单击【确定】按钮完成后，可见新创建的字段，如图 2.7.7 所示。

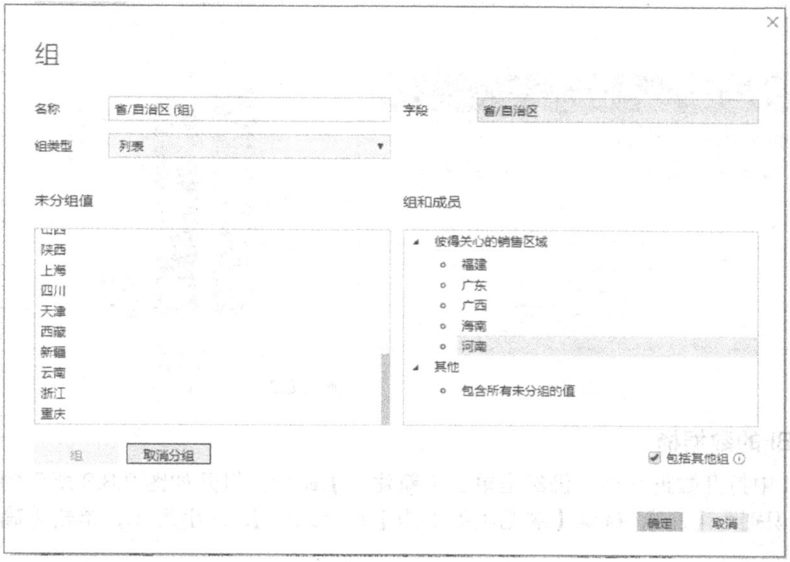

图 2.7.6

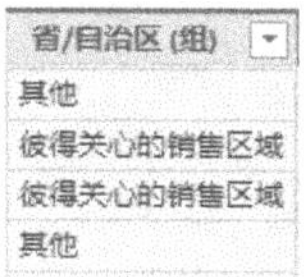

图 2.7.7

2.8　数据桶的应用

数据桶或箱（Bin）与组（Group）的功能非常相似，只是组通常用于离散型数据，数据桶通常用于连续型数据。下面的案例依据订单表中的【数量】字段，将客户分为【高频购买客户】、【中频购买客户】及【一般频次购买客户】3 种类型。

1. Tableau 的数据桶

在 Tableau 中打开数据文件。在度量区中找到【数量】字段，用鼠标右击该字段，在弹出的快捷菜单中选择【创建】→【数据桶】命令。在弹出的对话框中观察数组的最小值和最大值，依据数值范围，设置数据桶的大小，在本例中设置为 5，即 1~5、6~10 和 11~15，如图 2.8.1 所示。

完成后，在维度区出现数据桶胶囊 。将胶囊放入工作表中，通过客户名称（不重复计算）得出每个数据桶中的数量，如图 2.8.2 所示。

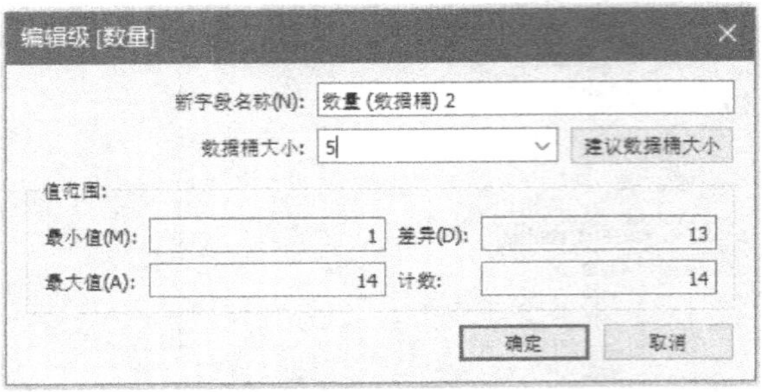

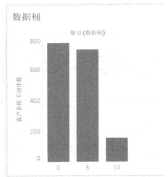

图 2.8.1

图 2.8.2

2. Power BI 的数据桶

在 Power BI 中打开数据文件。仍然是单击【新建组】命令。打开如图 2.8.3 所示的对话框,组类型自动识别为【箱】,确保【装箱类型】为【装箱大小】,大小为 5,单击【确认】按钮退出。

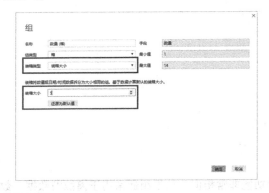

图 2.8.3

值得注意的是,这里每个箱体的大小都是等距的,而且不可改动。对于特殊的商业分析场景,会需要不等距的箱体。在后文中,有具体的案例演示不等距箱体的分析方法。

2.9 移动平均值、中位数、众数与百分位数统计

本节介绍四个统计指标:移动平均值、中位数、众数和百分位数。其难度比之前内容有所提高。

1. 在 Tableau 中的实现步骤

（1）移动平均值

本节案例演示如何在平均数的基础上创建移动平均值（7 日）。打开数据文件,在工作表中,

设置【列】为【订单日期】(天),【行】为【销售额】,将【订单日期】放入【筛选器】中,将筛选范围设为 2018 年 10 月～2018 年 12 月。在销售额胶囊的下拉菜单中选择【快速表计算】→【移动平均】命令,图 2.9.1 所示。

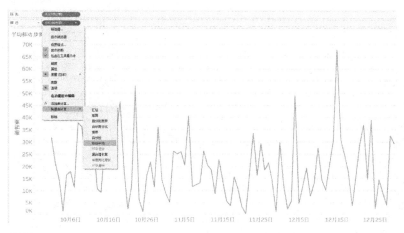

图 2.9.1

单击行胶囊,观察所产生的移动平均值背后其实是由 WINDOW_AVG 组成的表计算公式,如图 2.9.2 所示。在此,读者可直接编辑公式或是在【编辑表计算】界面中编辑公式。

ⅲ 列	天(订单日期)
☰ 行	WINDOW_AVG(SUM([销售额]), -2, 0)

图 2.9.2

在行胶囊的下拉菜单中,单击【编辑表计算】按钮,在弹出的对话框内设置【前面的值】为 6 天,勾选【当前值】复选框,如图 2.9.3 所示。

表计算
正在移动 销售额 的 平均值

计算类型
移动计算
平均值,上一个 2,下一个 0

计... 根据以下因素汇总值
平均值
前面的值 6
后面的值 0
☑ 当前值
☐ 若无足够的值则为空
☐ 添加辅助计算
☐ 显示计算帮助

图 2.9.3

再次单击【销售额】度量值，将其添加至【行】中，如图 2.9.4 所示。

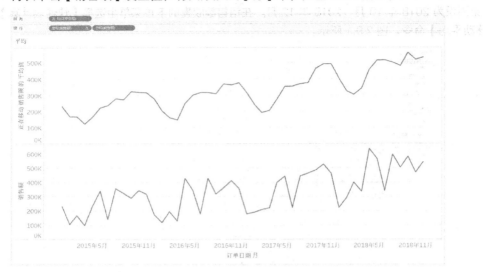

图 2.9.4

用鼠标右击 Y 轴，在弹出的快捷菜单中选择【双轴】和【同步轴】命令。在打开的对话框中取消勾选【显示标题】复选框，将两条折线合在一张图中，结果如图 2.9.5 所示。

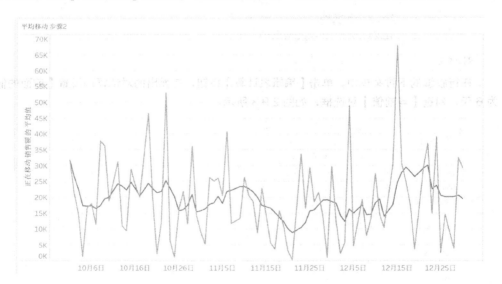

图 2.9.5

用鼠标右击字段的名称，在弹出的快捷菜单中选中【编辑别名】命令，如图 2.9.6 所示改为【七日移动平均值】。

（2）中位数

中位数是指一组数列中正中间的数值，如果数列中的样本总数是奇数，则中位数为位于最中间的数值。如果样本总数为偶数，则中位数为最中间的两个数值的平均数。

在上面的例子中添加一条中位数参考线。

将【销售额】字段从度量区移到【详细信息】中，如图 2.9.7 所示，目的是为参考线使用。

图 2.9.6   图 2.9.7

用鼠标右击 Y 轴，在弹出的快捷菜单中选择【添加参考线】命令，参照图 2.9.8 为折线图添加中位数线。值得一提的是，在 Tableau 中，计算中位数对应的函数是 WINDOW_MEDIAN。结果如图 2.9.9 所示。

图 2.9.8

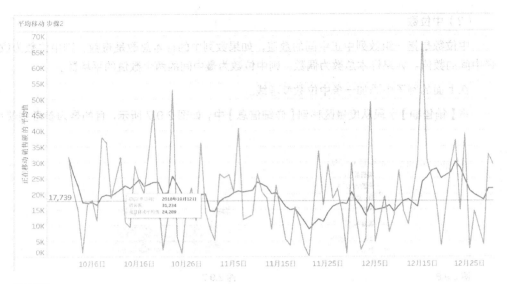

图 2.9.9

（3）众数

众数是指一组数列中出现频率最高的单个数。在 Tableau 中没有专有的众数计算函数，此处介绍两种众数求值方法。

方法一：表计算求和

复制【销售额】字段，将复制的【销售额】字段放入维度区中，更名为【销售额（维度）】，将其分别放入【列】与【行】中。将销售额（维度）作为维度呈现在表中，如图 2.9.10 所示。

iii 列	销售额（维度）
≣ 行	销售额（维度）

众数

销售额（维...	13.44	13.58	13.692	14.504	15.876	16.548
13.44	Abc					
13.58		Abc				
13.692			Abc			
14.504				Abc		
15.876					Abc	
16.548						Abc
17.92						

图 2.9.10

通过胶囊下拉菜单，将【行】中的胶囊转换为计数，然对列进行排序，得出的结果如图 2.9.11 所示，其中销售额出现频率最高的数为 150.36，频次为 10 次。

图 2.9.11

方法二：LOD 计算方式

同上，将度量值转为维度，将【销售额（维度）】放入【行】中。创建依据【销售额（维度）】的销售额维度计数：

销售额维度计数 = { FIXED [销售额（维度）]:COUNT([销售额])}

再得出以数据集所有字段为依据的最高频次计数，即众数出现频次：

众数出现频次 = { MAX([销售额维度计数])}

注意，此公式为嵌套 LOD 公式，并没有指明 FIXED 函数在哪个具体的字段名称上，FIXED 对所有字段都生效。

将两个新度量值放入表中，如图 2.9.12 所示。注意，其中的众数出现频次是恒定的，而销售额维度的计数是动态的。

页面		iii 列		度量名称	
		≡ 行		销售额（维度）	
筛选器		**众数 步骤2**			
度量名称		销售额（维度）	众数出现频次	销售额维度计数	
		150.36	10.000	10.000	
标记		35621.355	10.000	1.000	
		30306.64	10.000	1.000	
T 自动		29124.48	10.000	1.000	
		27112.68	10.000	2.000	
颜色 大小 文本		27047.16	10.000	1.000	
		26548.34	10.000	1.000	
详细信息 工具提示		25995.06	10.000	1.000	
		25711.84	10.000	1.000	
T 度量值		24536.4	10.000	1.000	
		23922.36	10.000	1.000	
度量值		23416.12	10.000	1.000	
总和(众数出现频次)		22500.66	10.000	1.000	
总和(销售额维度计数)		22173.48	10.000	1.000	
		21828.24	10.000	1.000	

图 2.9.12

创建一个条件判断语句，通过等式条件，判断其是否为众数，结果如图 2.9.13 所示。

众数= AVG(IF [众数出现频次] = [销售额维度计数]THEN [销售额]END)

销售额（维..	出现频次	销售额维度计数	众数
150.36	10.0	10.0	150.36
35621.355	10.0	1.0	
30306.64	10.0	1.0	
29124.48	10.0	1.0	

图 2.9.13

（4）百分位数

百分位数是统计学中的重要指标。其原理是将一组数字由小到大进行排序，计算相应的累计百分位。K 值代表其在该数列中的百分位的数值。

其公式格式为：

PERCENTILE.INC(<数列>, K 值)

数列：需要进行百分位评估的数。

K 值：百分位数值，为 0~1 的数值。

在度量胶囊的下拉菜单中选择常用的【百分位】数值，图 2.9.14 所示。

图 2.9.14

双击胶囊，留意其后面的公式变为 PERCENTILE。此时可以直接修改参数，如图 2.9.15 所示。

除基础的 PERCENTILE 函数外，Tableau 还提供了另外两种形式的百分函数：RANK_PERCENTILE 和 WINDOW_PERCENTILE，如图 2.9.16 所示。

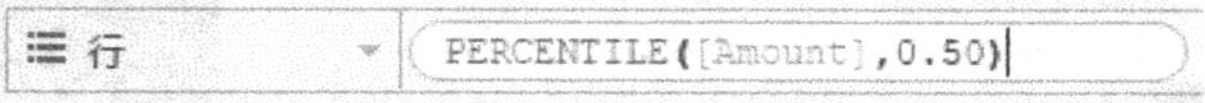

图 2.9.15

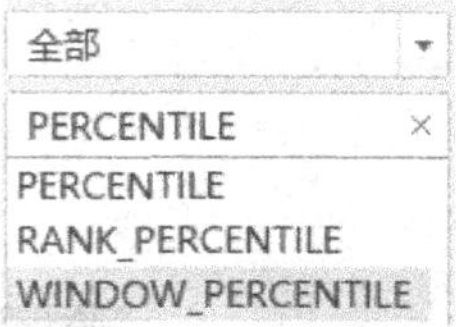

图 2.9.16

RANK_PERCENTILE 函数直接返回对应的百分等级，WINDOW_PERCENTILE 函数返回指定的百分位相对应的值。

在 Tableau 的官网中对这两个函数有详细的解释，此处不再赘述，如图 2.9.17 所示。

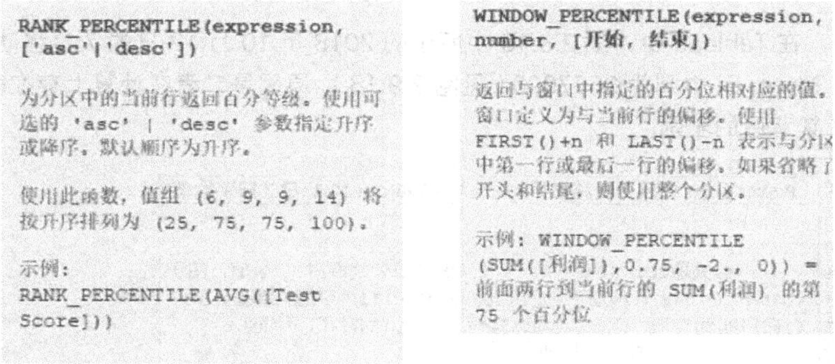

RANK_PERCENTILE(expression, ['asc'|'desc'])

为分区中的当前行返回百分等级。使用可选的 'asc' | 'desc' 参数指定升序或降序。默认顺序为升序。

使用此函数，值组 (6, 9, 9, 14) 将按升序排列为 (25, 75, 75, 100)。

示例：
RANK_PERCENTILE(AVG([Test Score]))

WINDOW_PERCENTILE(expression, number, [开始, 结束])

返回与窗口中指定的百分位相对应的值。窗口定义为与当前行的偏移。使用 FIRST()+n 和 LAST()-n 表示与分区中第一行或最后一行的偏移。如果省略了开头和结尾，则使用整个分区。

示例：WINDOW_PERCENTILE(SUM([利润]),0.75, -2., 0)) = 前面两行到当前行的 SUM(利润) 的第 75 个百分位

图 2.9.17

2. 在 Power BI 中的实现步骤

（1）移动平均值

谈起平均值，读者可能首先想到的是 AVERAGEX 函数。在 DAX 中可以用 AVERAGEX 函数进行平均值的计算，例如：

```
7 日移动平均值 =
AVERAGEX(
    DATESINPERIOD ( '日期表'[Date], LASTDATE ( '日期表'[Date]), -7, DAY ),
    [销售求和]
)
```

DAX 默认平均值计算是包括当天数值，所以，上例计算的平均值实为当天及过去 6 天销售额的平均值，结果如图 2.9.18 所示。

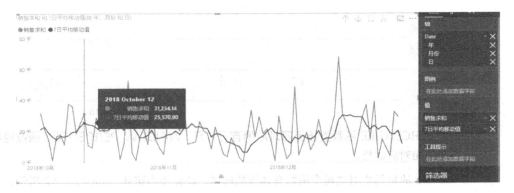

图 2.9.18

需要注意的是，在 Tableau 中，图 2.9.19 中所示的 2018 年 10 月 12 日的 7 日移动平均值为 24289，而在 Power BI 中则为 2557090（见图 2.9.18），原因是二者在计算上存在差别，图 2.9.19 中解释了其背后的差别。

日期	求和	Power BI 10.12日 7日移动平均值	Tableau 10.12日 7日平均值
2018.10.5	16599		
2018.10.6	17974		
2018.10.7	11521	公式取2018.10.6 — 2018.10.12日共7日移动平均值，但11日日期为空值，因此只是取其余6日移动平均值	表计算公式取过去7个值，由于2018.10.11为空值，顺延至2018.10.5的7日平均值。
2018.10.8	37807		
2018.10.9	36183		
2018.10.10	18706		
2018.10.11	空值		
2018.10.12	31234	2557090	24289

图 2.9.19

（2）中位数

在折线图的【分析】栏下有添加中线的功能，当然用户可通过下述公式，直接添加公式。

图 2.9.20

销售价格中位数 = MEDIANX (FILTER(ALLSELECTED('日期表'), DATESBETWEEN('日期表'[Date],FIRSTDATE('日期表'[Date]),LASTDATE('日期表'[Date]))),[销售求和])

Tableau 和 Power BI 计算中位数的逻辑有区别，可参考以下解释，如图 2.9.21 所示。

日期	求和	Power BI 中位数	Tableau 中位数
2018.12.1	12385		
2018.12.2	2229		
2018.12.3	5676	包括空值，于是取5676	不包括空值
2018.12.4	48956	+4650的平均数	
2018.12.5	4650		
2018.12.6	空值		
		5163	5676

图 2.9.21

（3）众数

在 DAX 中并没有可以直接计算众数的函数，参考 Tableau 的例子，此处同样有两种方法计算众数。

方法一：返回 FILTER 表里的最大值。

先将依据[销售额]出现的次数进行计数，并仅保留出现次数最高的一行数：MAXX(ALL('表'[次数]),[次数])。

众数 1= MINX(FILTER(SUMMARIZE('订单','订单'[销售额],"次数",COUNTA('订单'[销售额])),[次数]= MAXX(ALL('表'[次数]),[次数])),[销售额])

方法二：先对出现次数进行排名，仅返回出现次数最大的一行记录：

众数 2 = MAXX(TOPN(1,SUMMARIZE('订单','订单'[销售额],"次数",COUNTA('订单'[销售额])),[次数],DESC),'订单'[销售额])

注意，这两个公式外部分别用了 MINX 和 MAXX 函数，其作用仅仅是让表转换为值而已，二者效果是一致的。另外，DAX 中的众数是以度量值形式出现的，不依存于任何维度之上，如图 2.9.22 所示。

众数1	众数 2
150.36	150.36

图 2.9.22

（4）百分位数

Power BI 中的百分位计算函数有两种：PERCENTILE.INC 和 PERCENTILE.EXC。

具体的公式格式为：

PERCENTILE.INC(<数列>，K 值)

PERCENTILE.EXC(<表>，<数列>，K 值)

这两个函数的区别在于：PERCENTILE.INC 函数包括了 0~1 范围内的所有 K 值，其他具体的差别比较微小，不是本章重点，具体可参考网上的公式说明。图 2.9.23 以数列{1,2,3,4}

为例分别列出了 PERCENTILE.INC 和 PERCENTILE.EXC 函数的计算结果。

Formular: PERCENTILE.INC PERCENTILE.EXC

Inc	Exc
1	1
2	2
3	3
4	4

	Inc	Exc
K=0	1	#NUM!
K=0.25	1.75	1.25
K=0.5	2.5	2.5
K=0.75	3.25	3.75
K=1	4	#NUM!

图 2.9.23

彼得点评：本节内容一部分比较基础，如求移动平均值、百分位数和中位数。一部分内容数据为进阶知识，如求众数。在此阶段，即使读者没有完全理解公式逻辑也不要紧，后文会有更多详细案例帮助读者深度学习 Tableau 和 DAX 公式。

第 3 章
趋势分析

趋势分析几乎是商业分析中使用最为频繁的分析方法。趋势分析与时间维度密不可分。例如,将某个历史时间段的值与当前时间段的值做比较获取商业洞察。本章内容涵盖了几种常用的趋势分析法,如季节性同比分析、与年初日期环比分析、YTD(本年度截止)同比分析、月(周)末值对比分析,以及汇总数值的变化分析。

3.1 第 1 招:季节性同比分析

商业场景:快速消费品行业往往会受季节性因素的影响,比如水上运动服饰商品,对这类商品进行销售分析时,往往要注重季节性的同比变化。

可视化实现:循环图(Cycle Plot)。在循环图中,可以将多年相同的日期范围放在同一个区间中,从而更有利于分析师发现变化趋势,如图 3.1.1 所示。

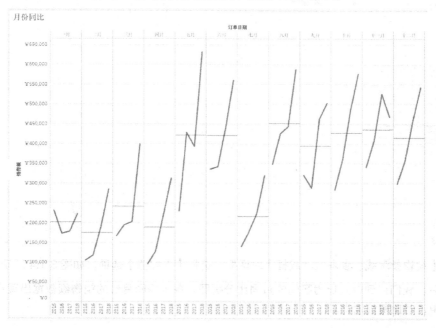

图 3.1.1

3.1.1 在 Tableau 中的实现步骤

在 Tableau 中的解题思路：

（1）以【订单日期】字段为横坐标轴，以【销售额】字段为纵坐标轴。

（2）调整【月】与【年】字段的排序，进行同比分析。

（3）依据【月】字段，添加参考线。

将【销售额】和【订单日期】字段分别放入【行】【列】中。将【订单日期】胶囊下钻至【月】级别，然后调整顺序，使【月订单日期】的位置在【年订单日期】之前，如图 3.1.2 所示。

图 3.1.2

在分析栏中，将【参考线】拖至工作表中，在依据区中添加参考线，如图 3.1.3 所示。

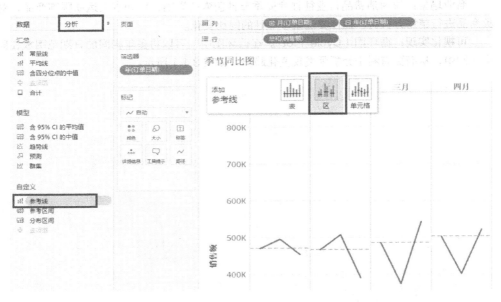

图 3.1.3

打开【编辑参考线、参考区间或框】对话框，选择【平均值】选项，如图 3.1.4 所示。

完成后，我们得到以月份为区间的月同比分析图，各年相同月份的销售额数据出现在同一个区间中，对比更加清晰。

34 招精通商业智能数据分析　Power BI 和 Tableau 进阶实战

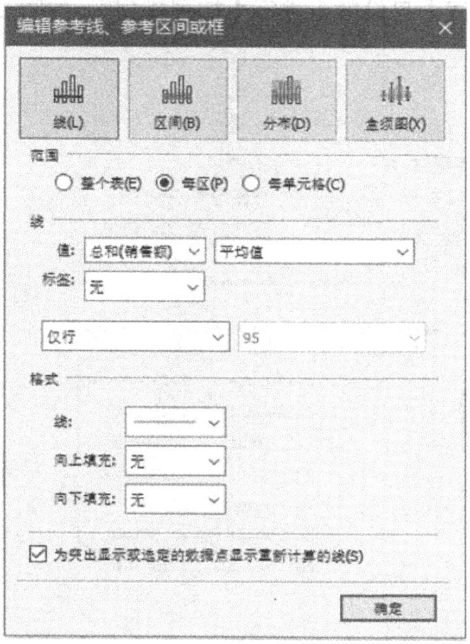

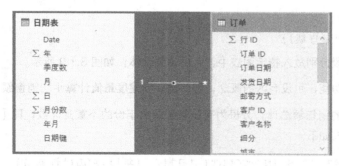

图 3.1.4

3.1.2 在 Power BI 中的实现步骤

在 Power BI 中的解题思路：

（1）创建日期表。

（2）选择特定图表【Small Multiple Line Chart】。

（3）通过 DAX 公式配置特定图表完成同比分析。

在 Power BI 中导入销售事实表。参考之前创建的日期表，在两张表之间建立连接，如图 3.1.5 所示。

图 3.1.5

在日期表中选择【月】字段，将其设置为依据【月份数】进行【按列排列】，如图 3.1.6 所示。

图 3.1.6

在可视化区中，选择【从文件导入】选项，如图 3.1.7 所示。

图 3.1.7

通过关键字搜索特定图表——Small Multiple Line Chart，然后将其添加到 Power BI 中，如图 3.1.8 所示。

创建一个新度量值：

销售额 = SUM('订单'[销售额])

将度量值和【日期】字段分别放入特定图表中，之后调整字体，如图 3.1.9 所示。

因为此图表没有参考线功能，也没有区的概念，因此需要创建度量值计算平均销售额。

求平均值：分子为全年的销售额总计，分母为有销售记录的年份的不重复计数，即【销售年计数】度量值，具体公式如下：

销售年计数 = CALCULATE(DISTINCTCOUNT('日期表'[年]),ALL('订单'))

月平均销售金额 = CALCULATE([销售额],ALL('日期表'[年]))/[销售年计数]

在此处先求得【销售年计数】为 4，再通过嵌套公式得出所有年当月销售额的总和/销售年计数的商。

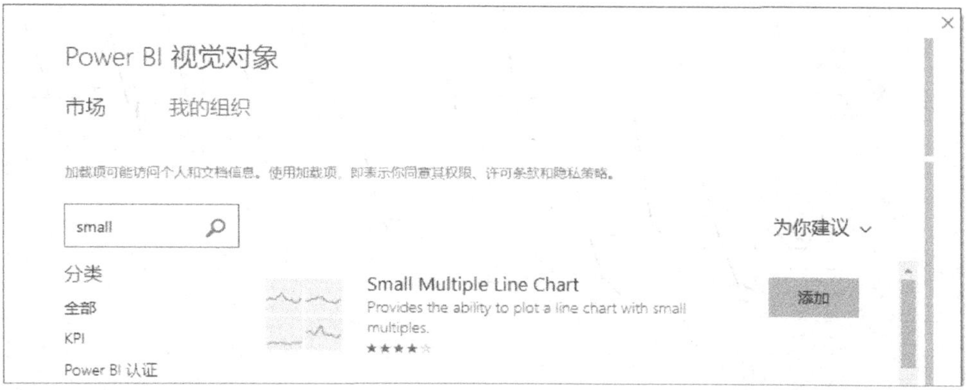

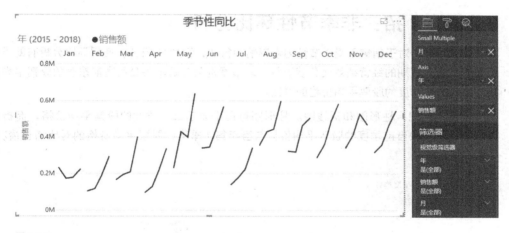

图 3.1.8

图 3.1.9

结果如图 3.1.10 所示。

彼得点评：对比一下，本案例在 Tableau 中的实现更加方便，仅仅通过转换【列】中的胶囊顺序，便完成循环图。在一般情况下，在 Tableau 中无须使用专门的日历表，通过【日期】字段可灵活地在年、季、月、周、日中进行切换；日期类型也可以设为离散型或者连续型。Power BI 中的特定图表【Small Multiple Line Chart】可用于季节性同比分析，只是参考线功能缺失，需要通过创建度量值公式完成。

第 3 章 趋势分析

61

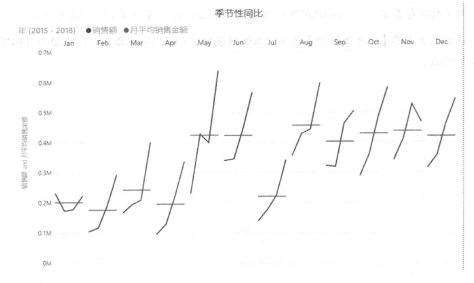

图 3.1.10

3.2 第 2 招：非季节性环比分析

商业场景：对于销售不受季节性因素影响的行业，例如 IT 行业，使用环比分析有助于分析师洞察企业短期的经营绩效变化状况等。本节案例为分析苹果公司当前季度的股票平均价格与当年第 1 季度的股票平均价格的对比。

可视化实现：柱形图和折线图。柱形图可用于显示每个季度的股票平均价格，而折线图则可用于反映当前季度的股票平均价格与当年第 1 季度的股票平均价格的对比增长情况，如图 3.2.1 所示。

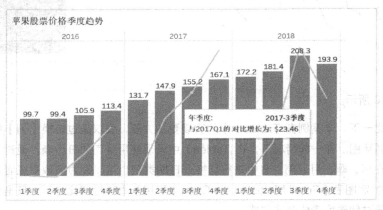

图 3.2.1

解题思路:

(1)得出当年第 1 季度的股票平均价格。

(2)得出当前季度的股票平均价格。

(3)得出二者之差。

3.2.1 在 Tableau 中的实现步骤

在 Tableau 中读取数据文件后,先创建一个新计算字段:

平均价格= AVG([close])。

以柱形图显示最近 3 年每个季度的股票平均价格,如图 3.2.2 所示。

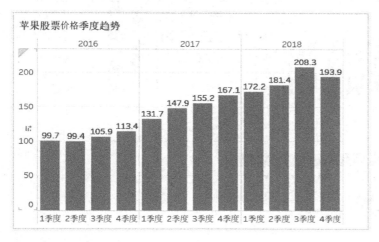

图 3.2.2

创建以下新计算字段,用于与当年第 1 季度的股票平均价格进行比较:

对比增长 = [平均价格]-LOOKUP([平均价格],FIRST())

在上述公式中,FIRST()作为表计算参数,用于引用表中出现的第一个值(即平均价格)。注意,此时系统的提示为:"结果计算为 沿着 表(横穿)。"如图 3.2.3 所示,这是默认的计算依据,要在工作表中调整,而不可在度量区的胶囊中调整。

图 3.2.3

小技巧:滚动鼠标的滑轮,可放大或缩小公式的字号,使公式的可读性更强,此方法在 Power BI 的 DAX 公式栏中同样适用。

将【对比增长】字段添加至【行】中，将新图表的显示方式改为【线】并选择【双轴】方式，合并这两张图表。在行胶囊下拉菜单中将【计算依据】由【表（横穿）】改为【区（横穿）】，如图 3.2.4 所示。

单击【工具提示】按钮，在弹出的【编辑工具提示】对话框中对工具提示内容进行优化，如图 3.2.5 所示。

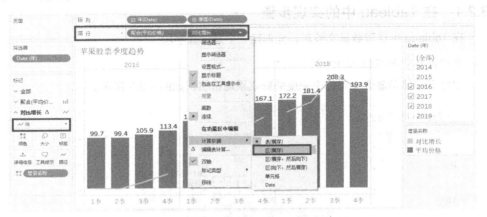

图 3.2.4

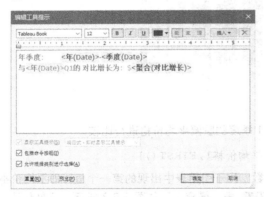

图 3.2.5

完成后的结果如图 3.2.1 所示。图中的折线为当前季度的股票平均价格与当年第 1 季度的股票平均价格之差。此时，用户可右击 Y 轴，在弹出的快捷菜单中选择【同步轴】命令，使折线图和矩形图的度量单位统一。

3.2.2　在 Power BI 中的实现步骤

Power BI 中的柱形图与 Tableau 中的柱形图相似。这里先选用柱形图作为可视化组件。由于事实表中的股票数量只有一只，因此，其对应每行的日期【DATE】值是唯一的，没有冗余。在这种情况下，可以不用单独创建一维的日期表。下面创建两个新字段和两个度量值：

季度 = FORMAT([Date],"Q")（字段）

年份 = YEAR([Date])(字段)

平均价格 M = AVERAGE(AAPL[close])（度量值）

当年第 1 季度股票平均价格 = CALCULATE('AAPL'[平均价格],'AAPL'[季度]=1)
//度量值

在 Power BI 的柱形图中没有表格区的概念，因此，当需要返回当年第 1 季度时，需要使用条件：'AAPL'[季度]=1。最后返回当年第 1 季度的股票价格集合，如图 3.2.6 所示。

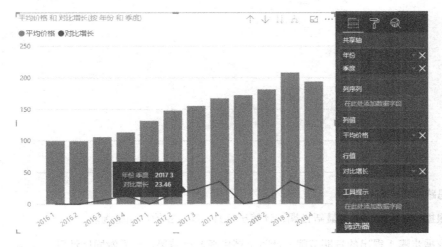

图 3.2.6

最终的【对比增长】字段的公式为：

对比增长 = [平均价格]-[当年第 1 季度股票平均价格]

结果如图 3.2.7 所示。

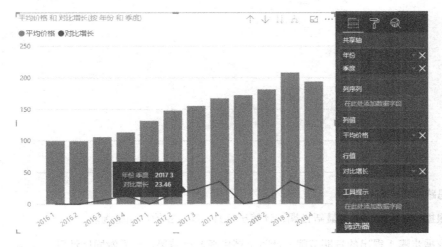

图 3.2.7

彼得点评：在该案例中，在 Tableau 中先使用 FIRST 函数与表计算区（横穿）功能，计算当前季度的股票平均价格与当年第 1 季度的股票平均价格之差，再利用【双轴】功能，将股票平均价格与差值合并为柱形图。

在 Power BI 中并没有表格区的概念，但可以使用 CALCULATE 函数结合【季节】字段制造出"区"的计算结果。

3.3　第 3 招：YTD（年初至今）日期同比分析

商业情景：YTD 日期同比分析属于同比分析，其用于对比汇总值。YTD 日期同比分析经常被用来分析企业的长期经营绩效。在进行 YTD 日期同比分析时，需要注意取相同时长的日期单位作为参照物。

可视化实现：折线图和区域图。折线图适用于呈现不同年份的数据走势，而区域图适用于呈现不同年份数据的汇总差异。图 3.3.1 所示的为 2018 年 1 月至 7 月的企业销售额的同比分析。

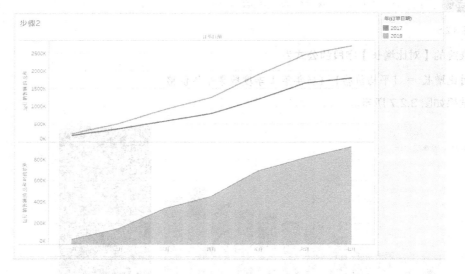

图 3.3.1

解题思路：

（1）根据 2018 年记录的最新日期，计算出 2017 年对应的日期范围。

（2）依据步骤 1 得出的日期范围，计算出销售额合计结果，最后做同比计算。

3.3.1　在 Tableau 中的实现步骤

在 Tableau 中打开数据文件。依据【订单日期】字段，通过【自定义日期】命令创建【月(订单日期)】字段。

先以【月(订单日期)】字段作为【列】，将销售额进行合计表计算，再将其结果作为【行】，得到的销售额汇总，如图 3.3.2 所示（关于表计算的详细解释，可参考 2.1 节内容）。

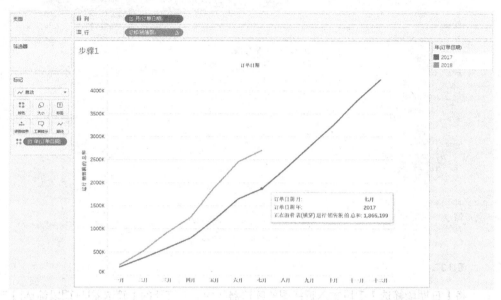

图 3.3.2

创建一个计算字段：

最新订单日期= {MAX(【订单日期])}

数据文件中的最新订单日期为 2018 年 7 月 21 日，也是上述公式的返回值。然后创建两个字段，并把其转换为维度：

最新订单日期与年初之差= DATEPART('dayofyear',[最新订单日期])

//求出最新日期 2018 年 7 月 21 日距当年 1 月 1 日有多少日。

订单日期与年初之差= DATEPART('dayofyear', [订单日期])

//求出单个订单日期距当年 1 月 1 日有多少日。

接着，比较二者的大小，进而对具体日期进行筛选。创建计算字段，具体公式如下所示，该公式将返回布尔值：

日期段筛选 = [订单日期与年初之差]<=[最新订单日期与年初之差]

将以上几个创建好的字段放入工作表中，如图 3.3.3 所示。将【日期段筛选】字段作为颜色区分设置，这里以 2018 年 7 月 21 日为分割线，2018 年 7 月 21 日及以前的日期与 2018 年 7 月 21 日以后的日期分别被设置为不同的颜色以区分。

图 3.3.3

将【日期段筛选】字段放入折线图的筛选器区中。在打开的【筛选器[日期段筛选]】对话框中选择【真】复选框，如图 3.3.4 所示。因为 2018 年 7 月 21 日及以前的数据为"真"，2018 年 7 月 21 日以后的数据为"假"，所以这里选择【真】复选框。结果在折线图中 2017 年 7 月 21 日以后的数据消失了，如图 3.3.5 所示。

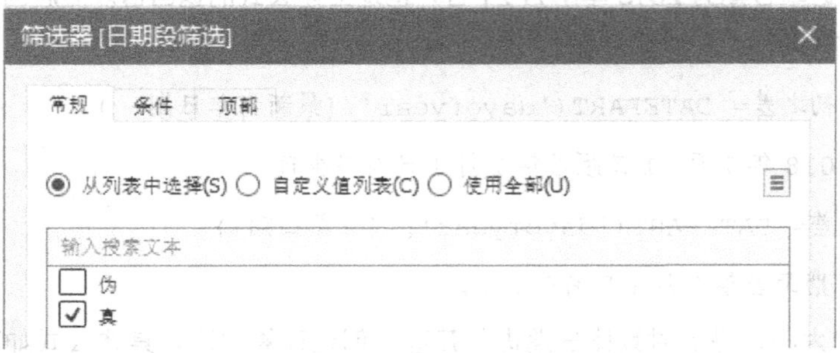

图 3.3.4

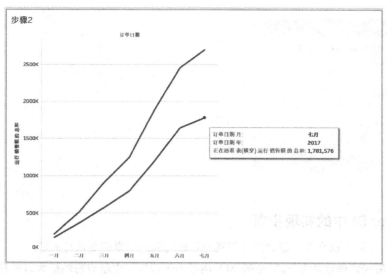

图 3.3.5

在图 3.3.5 中复制【销售额】数据，生成双图表。将新生成的图表类型改为【区域】。在【销售额】胶囊的下拉菜单中选择【编辑表计算】命令。在打开的【表计算】对话框中勾选【添加辅助计算】复选框，在【从属计算类型】列表中选择【差异】选项，计算依据设置如图 3.3.6 所示。要注意，从属计算类型中的【订单日期 年】字段需要在【订单日期 月】字段的上方。

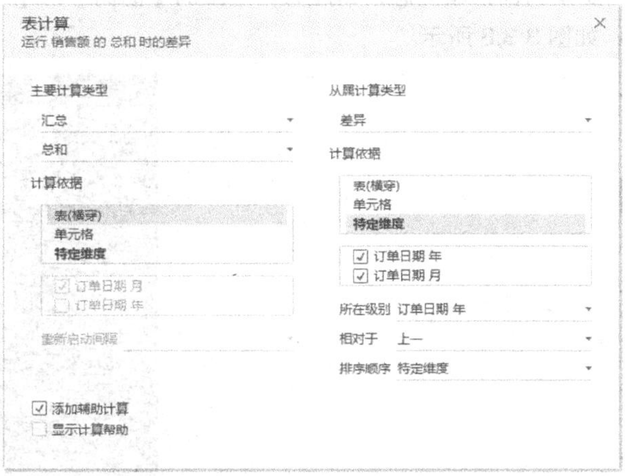

图 3.3.6

单击工作表中的 NULL（空）值，在弹出的对话框中选择【在默认位置显示数据】选项，如图 3.3.7 所示。最终结果如图 3.3.1 所示。

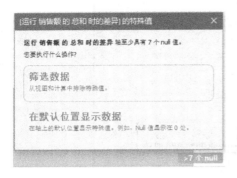

图 3.3.7

3.3.2 在 Power BI 中的实现步骤

在 Power BI 中打开数据文件。参照前文创建一张日历表并与事实表进行关联。

创建度量值【最新订单日期】，公式中的 ALL 函数用于提取表中所有行的最大订单日期，而不受筛选上下文的影响：

最新订单日期 = MAXX(ALL('订单'),[订单日期])

创建度量值【YTD 销售汇总 1】，公式中的 DATESYTD 是智能时间函数：

YTD 销售汇总 1 = CALCULATE (SUM ('订单'[销售额]), DATESYTD ('日期表'[Date]))

通过折线图呈现 2017 年与 2018 年的销售额汇总，请注意，这里的【图例】为【年】。这与在 Tableau 中的操作步骤相似，如图 3.3.8 所示。

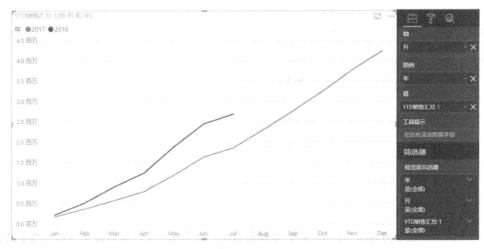

图 3.3.8

在 Power BI 中没有类似 Tableau 中的 DATEPART 函数，需要使用 DATE 与 FIRSTDATE 函数创建度量值【最新同比日期】。

最新同比日期 = DATE(YEAR(FIRSTDATE('日期表'[Date])),MONTH([最新订单日期]),DAY([最新订单日期]))

该度量值依据【最新订单日期】返回对应的月和日，依据表中所给出的维度返回年，如图 3.3.9 所示。

年	最新同比日期
2017	2017/7/21 0:00:00
2018	2018/7/21 0:00:00
总计	**2017/7/21 0:00:00**

图 3.3.9

接着创建判断度量值【日期段筛选】，用于判断表中的日期是否小于最新同比日期：

日期段筛选 = MIN('日期表'[Date]) < [最新同比日期]

公式中的 MIN 函数用于聚合【Date】字段为度量值，直接使用公式：'日期表'[Date] < [最新同比日期]会报错，如图 3.3.10 所示，因为字段无法和度量值直接比较。

1 日期段筛选 = '日期表'[Date] < [最新同比日期]
无法确定表'日期表'中列"Date"的某一个值。当度量公式引用了包含许多值的列，且未指定用于获取单一结果的 min、max、count 或 sum 等聚合时，可能会发生此情况。

图 3.3.10

继续创建新度量值【YTD 销售汇总 2】，用于汇总销售额。公式中的 IF 函数用于判断值是否为 YTD 值。

YTD 销售汇总 2 =

IF (

　　[日期筛选段],

　　CALCULATE (SUM ('订单'[销售额]), DATESYTD ('日期表'[Date])

))

将日期与创建的度量值放在表中，结果如图 3.3.11 所示。其中在 2017 年 7 月 20 日一行中正确显示汇总金额：1781576.03，与 Tableau 中生成的结果一致。

将图 3.3.11 所示的表转换为折线图，如图 3.3.12 所示。但发现此时 2017 年的 YTD 值变为 1865199.49，实为 2017 年 1 月 1 日到 2017 年 7 月末的汇总值，而不是 2017 年 1 月 1 日到 7 月 21 日的汇总值 1781576.03。原因是 Power BI 需要将【日】维度作用于筛选上下文中，YTD 值才可精确到【日】维度，而 Tableau 中的公式：{MAX(【订单日期】)}在即使没有

【日】维度的表中仍然发挥作用，其 YTD 值计算是准确的。

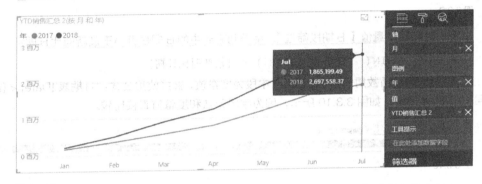

图 3.3.11

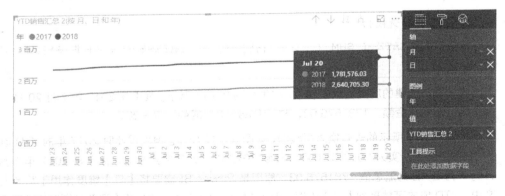

图 3.3.12

将【日】字段放入【轴】中，进行下钻，此处的 2017 年的 YTD 值为正确值，但可视化效果则不如用【月】字段更直观，所以暂时仍然将其上钻至【月】级别，便于视觉呈现，如图 3.3.13 所示。

另外，我们需要得出 2017 年 1 月 1 日至 2017 年 7 月 21 日的销售额汇总，下面创建度量值【去年 YTD】。公式中的 SAMEPERIODLASTYEAR 属于时间智能函数，其依据筛选上下文中的日期，返回 2017 年对应的日期范围：

去年 YTD = CALCULATE([YTD 销售汇总 2],SAMEPERIODLASTYEAR('日期表'[Date]))

最后创建度量值【汇总差异】，计算销售额与去年同期的差异，然后参照图 3.3.14 设置堆积图。

汇总差异 = [YTD 销售汇总 2]-[去年 YTD]

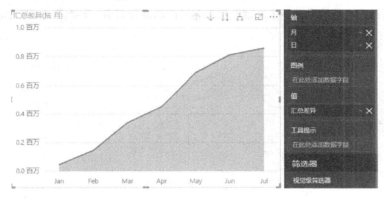

图 3.3.14

最终效果如图 3.3.15 所示，默认横坐标轴显示的单位为【月】，在需要下钻时可看到【日】级别的 YTD 值。

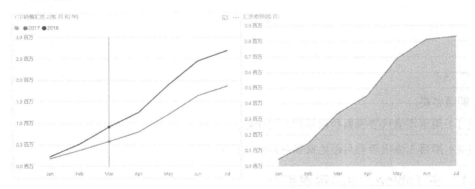

图 3.3.15

彼得点评：Tableau 和 Power BI 在 YTD 值计算方面都有相应的实现方式，但使用 Tableau 更加灵活。在 Power BI 的图表中需要【日】字段支持精确 YTD 值计算，显得有一些笨拙，而下钻到【日】级别的折线图不易于展示中期趋势变化，另一种方式是通过设置日期筛选器，通过筛选上下文影响度量值。

3.4 第4招：平均值与期末值分析

商业场景：库存量、员工数、交易价格等数据都属于半叠加数据，即不能完全聚合的数据。例如，对于银行资产表，通过单日余额求和的分析没有意义。对于此类数据的分析可进行平均聚合运算，或者依据日期范围末值（如月末值、周末值）进行中期绩效分析。在本案例中，对每月的股票价格变动求和没有意义，但求股票价格的月平均值与月末值具有参考意义。

可视化实现：折线图。折线图适用于表现数据随着时间的变化趋势，如图3.4.1所示。

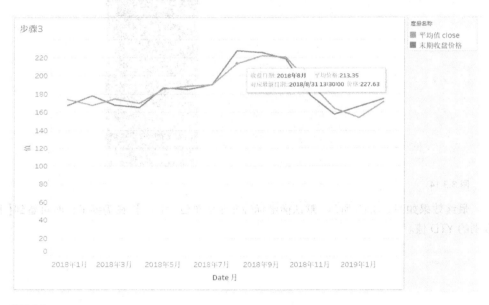

图3.4.1

解题思路：

（1）用平均值代表股票的月平均交易价格。

（2）用月末值代表当月最后交易日的收盘价格。

3.4.1 在 Tableau 中的实现步骤

在 Tableau 中打开数据文件，将【Date】字段放入【列】中，将【close】字段放入【行】中（设置为计算平均值）。再将【Date】字段放入标签卡中，并设为最大值，公式为：MAX([Date])；取消显示标签。将日期单位下钻至【月】，将【Date】字段放入筛选器区中，保留 2018 年和 2019 年的数据，如图 3.4.2 所示。

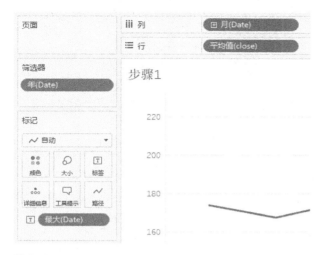

图 3.4.2

当将鼠标光标悬停在折线上时，会显示当月最后一天的信息，如图 3.4.3 所示。要查看数据，选择【查看数据】选项，此时在弹出的对话框中看不到【最大(Date)】字段。这是因为MAX([Date])返回的是聚合结果，当查看数据发生在非聚合级别时（原始数据），会导致该字段无法显示。因此，也无法依据该计算字段得出末期的股票价格。该如何解决这个问题呢？

图 3.4.3

创建一个【对应末期日期】字段：其中的 INCLUDE 函数中没有给出任何字段维度，意味着其作用于全部数据集中的字段。

对应末期日期 = {INCLUDE : max([Date])}

再创建【末期收盘价格】字段，通过 IF 语句只显示最新日期对应的股票价格。

末期收盘价格= IF [对应最新日期]=[Date] then [close] ELSE 0 END

按住鼠标左键不放，将【末期收盘价格】字段拖入工作表的 Y 轴上，Y 轴上会出现两个矩形，如图 3.4.4 所示。松开鼠标左键后，形成两条折线（表示末期收盘价格和平均价格），行中出现【度量名称】胶囊。

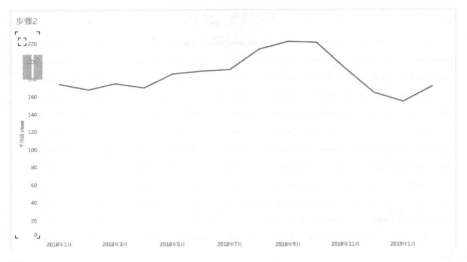

图 3.4.4

在【编辑工具提示】对话框中，参照图 3.4.5，填写提示信息内容。若找不到对应的度量值，则检查该度量值是否已被放置在左侧的【详细信息】中。最终结果如图 3.4.1 所示。

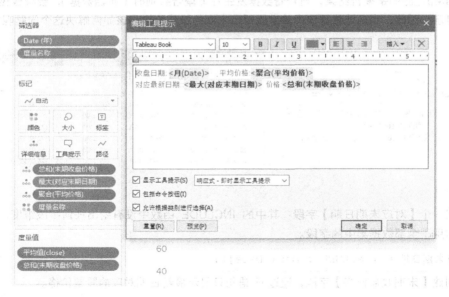

图 3.4.5

3.4.2　在 Power BI 中的实现步骤

在 Power BI 中打开数据文件。创建【平均价格】度量值：

平均价格 = AVERAGE(AAPL[close])

然后创建折线图，如图 3.4.6 所示。

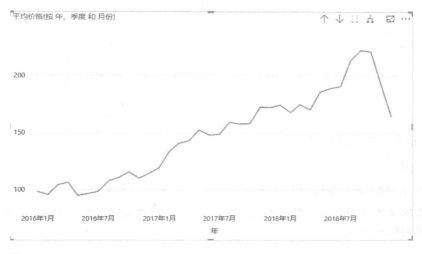

图 3.4.6

创建度量值【所选最后日期】，用以返回对应的最后日期，并放入表中，如图 3.4.7 所示。

所选最后日期 = LASTDATE ('AAPL'[Date])

年	季度	月份	平均价格	所选最后日期 ▼
2019	季度 1	February	171.65	2019/2/27 21:00:00
2019	季度 1	January	154.17	2019/1/31 14:30:00
2018	季度 4	December	164.27	2018/12/31 14:30:00
2018	季度 4	November	191.24	2018/11/30 14:30:00
2018	季度 4	October	220.85	2018/10/31 13:30:00
2018	季度 3	September	222.07	2018/9/28 13:30:00
2018	季度 3	August	213.35	2018/8/31 13:30:00
2018	季度 3	July	190.31	2018/7/31 13:30:00
2018	季度 2	June	188.62	2018/6/29 13:30:00
2018	季度 2	May	185.54	2018/5/31 13:30:00
2018	季度 2	April	169.83	2018/4/30 13:30:00
2018	季度 1	March	174.50	2018/3/29 13:30:00
2018	季度 1	February	167.64	2018/2/28 14:30:00
2018	季度 1	January	174.01	2018/1/31 14:30:00
总计			185.45	2019/2/27 21:00:00

值

日期
年 ✕
季度 ✕
月份 ✕
平均价格 ▾ ✕
所选最后日期 ▾ ✕

筛选器

视觉级筛选器

年份 ∨ ✕
是(全部)

平均价格 ∨
是(全部)

图 3.4.7

注意，【所选最后日期】是带有时间部分的，因为在后面的公式计算中不需要时间部分，因此创建一个新计算列【日期】，将时间部分删除，如图 3.4.8 所示。

日期 = FORMAT('AAPL'[Date],"YYYY-MM-DD")

```
  X  √   1 日期 = FORMAT('AAPL'[Date],"YYYY-MM-DD")
```

Index	Date	close	Symbol	年份	季度	日期
1	2014/2/28 14:30:00	75.18	AAPL	2014	1	2014/2/28
2	2014/3/3 14:30:00	75.39	AAPL	2014	1	2014/3/3
3	2014/3/4 14:30:00	75.89	AAPL	2014	1	2014/3/4
4	2014/3/5 14:30:00	76.05	AAPL	2014	1	2014/3/5
5	2014/3/6 14:30:00	75.82	AAPL	2014	1	2014/3/6

图 3.4.8

创建度量值【末期收盘价格】：

末期收盘价格 =

CALCULATE （[平均价格], FILTER （'AAPL', 'AAPL'[日期]

　　= DATE （YEAR （[所选最后日期]），MONTH （[所选最后日期]），DAY （MAXA

（ 'AAPL'[日期] ） ） ）

　　　　）　）

最后的结果如图 3.4.9 所示。

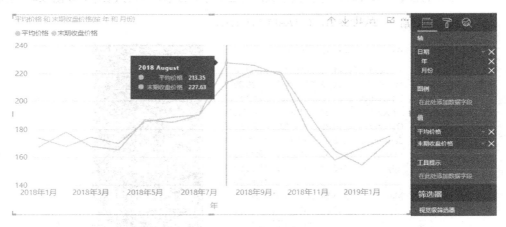

图 3.4.9

彼得点评：本节实例中的价格数据属于半叠加数据，对这类数据进行求和无意义，但对其进行求平均值、最大值、最小值等聚合计算仍有意义。在 Tableau 中实现此案例时，INCLUDE 函数中没有具体的字段名称，代表其作用于全部数据集中的字段。另外，通过 LOD 公式和 IF 判断语句组合得出日期对应的相关数值是 Tableau 中常用的计算方式。而在 Power BI 中，通过 CALCULATE 函数可直接获得日期对应的相关数值。

3.5 第5招：个体趋势变化分析

商业场景：个体趋势变化分析经常用于分析不同个体在同一个时间段内的变化情况。折线图常用于呈现个体趋势变化，有利于分析师掌握总体变化趋势。但如果折线过多、过密，造成折线重叠，则不利于分析师洞察个体数值的趋势变化。在本节的案例中设立了个体区间，更有利于洞察个体趋势变化。

可视化实现：火花图。火花图的优势在于可以依据字段（维度），逐一显示个体的变化趋势，使分析更细致。本节案例的效果如图 3.5.1 所示。

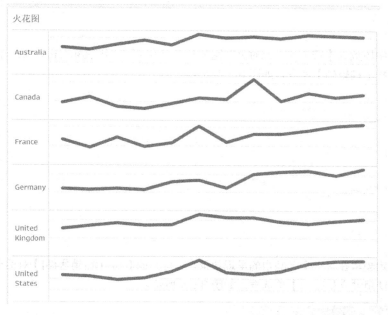

图 3.5.1

3.5.1 在 Tableau 中的实现步骤

在 Tableau 中的解题思路：

（1）用火花图依据【国家】维度呈现销售额随时间的变化情况。

（2）设置每个区间的值为独立轴。

（3）通过 LOD 函数，得出销售额的最大值与最小值及对应的月份。

在 Tableau 中打开数据文件。先将【国家地区名称】字段简化为【国家】，再将【订单日期】字段的数据类型设为日期。

将【国家】字段和【订单日期】（按月维度计算）字段分别放入【行】【列】中，如图 3.5.2
所示。

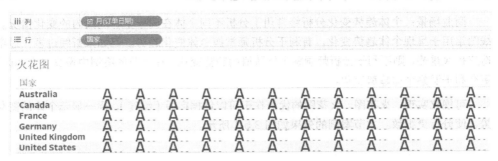

图 3.5.2

将【销售额】字段放入【行】中，此时火花图的雏形已经出现。用鼠标右击 Y 轴，在弹
出的快捷菜单中选择【编辑轴】命令，如图 5.5.3 所示。

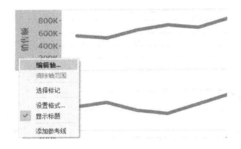

图 3.5.3

为了更好地设定趋势在每一个区间中的呈现效果，在打开的【编辑轴[销售额]】对话框中
选择【每行或每列使用独立轴范围】单选框，如图 3.5.4 所示。

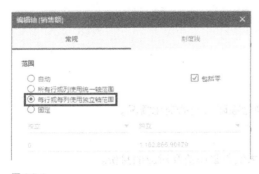

图 3.5.4

下面进一步完善火花图。为了求出趋势线中的最大值和最小值，下面创建几个新的度量值：

Max Sum Sales={EXCLUDE DATEPART('month', [订单日期]):MAX({ FIXED [国家],DATEPART('month', [订单日期]): SUM([销售额])})}

Min Sum Sales = {EXCLUDE DATEPART('month', [订单日期]): MIN({ FIXED [国家],DATEPART('month', [订单日期]): SUM([销售额])})}

Max Sales Month = IF [Max Sum Sales]={ FIXED [国家],DATEPART('month', [订单日期]):SUM([销售额])} THEN DATENAME ('month', [订单日期]) ELSE NULL END

Min Sales Month = IF [Min Sum Sales]={ FIXED [国家],DATEPART('month', [订单日期]):SUM([销售额])} THEN DATENAME ('month', [订单日期]) ELSE NULL END

前两个度量值使用了嵌套 LOD 语句,内部的 FIXED 函数将销售额总和固定在国家和订单日期(月)两个维度上。外部的 EXCLUDE 函数是基于 FIXED 函数返回的销售额总和进行最大值和最小值的聚合计算。如果没有内层的 FIXED 函数,那么 MAX/MIN 函数仅能求出单笔销售额的最大值/最小值。

若要显示最大销售额和最小销售额对应的月份,则可以利用以下 IF 语句和 DATEPART 函数得出相应的月份名称:

Max Min Sales Month =

IF [Max Sum Sales] = { FIXED [国家],DATEPART('month', [订单日期]):

　　　SUM([销售额])} THEN "(Max Sales Month)"

ELSEIF [Min Sum Sales] = { FIXED [国家],DATEPART('month', [订单日期]):

　　　SUM([销售额])} THEN "(Min Sales Month)"

ELSE NULL END

将所有度量值放入【工具提示】卡中。注意:【Max Min Sales Month】度量值的聚合计算默认使用的是 COUNT 函数,双击此胶囊,将其改为 ATTR 函数,结果才能正常显示,如图 3.5.5 所示。

图 3.5.5

打开【编辑工具提示】对话框,调整显示的内容,如图 3.5.6 所示。最终得出的结果如图 3.5.7 所示。

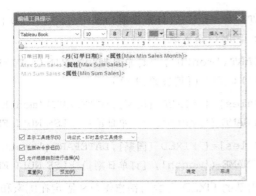

图 3.5.6   图 3.5.7

3.5.2   在 Power BI 中的实现步骤

在 Power BI 中打开数据文件。在 Power BI 中有专有的火花图。在 Power BI 的可视化区中，单击【从市场导入】选项，通过搜索关键字 "sparkline" 可添加火花图，如图 3.5.8 所示。

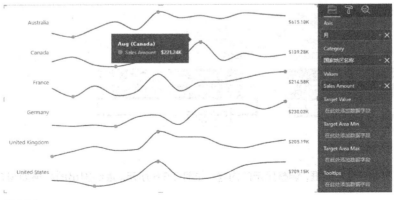

图 3.5.8

将【月】字段设为轴、【国家地区名称】字段设为列、【Sales Amount】字段设为值，如图 3.5.9 所示。Power BI 自动将最高值和最低值显示出来。在控件格式选项中还有其他设置，建议读者自己尝试，在此不再赘述。

图 3.5.9

彼得点评：本节的实例在 Tableau 中需要多个步骤才能完成，尤其是最大值和最小值公式的设定，需要嵌套 LOD 语句完成。而在 Power BI 中只需要套用 Sparkline 模板即可实现同时自动显示最大值、最小值。

3.6　第 6 招：累积增长分析

商业场景：累积（汇总）增长是商业分析中的一项重要指标，例如客户累积（汇总）增长意味有新的业务产生，同时也会为企业带来新的收入来源。因此，客户累积（汇总）增长分析可用于判断企业的销售是否有足够的增长动力。

可视化实现：折线图。对于表现单一数据的趋势变化，折线图是最直观、最实用的，如图 3.6.1 所示。

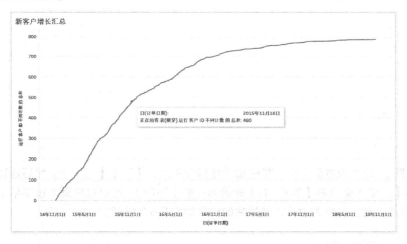

图 3.6.1

解题思路：

（1）按【客户 ID】字段求出客户初次购买日期。

（2）通过判断公式区分客户在某个日期范围内是否是新客户，并保留新客户的数据。

（3）创建折线图，展示新增客户的变化情况。

3.6.1　在 Tableau 中的实现步骤

在 Tableau 中打开数据文件。先根据【客户 ID】字段求出客户初次购买日期，在此使用 FIXED 与 MIN 函数的组合公式得出每位客户的初次购买日期：

初次购买日期 = {FIXED [客户 ID]：MIN([订单日期])}

接着创建一个逻辑判断公式：

```
IIF（[初次购买日期]=[订单日期]，"初次"，"非初次"）
```

该公式很巧妙地将【初次购买日期】与【订单日期】字段进行比较，只要【初次购买日期】在【订单日期】范围（范围可以是年、季度、月）内，则返回【初次】，否则返回【非初次】。将新客户判断维度放入筛选器中，并在【筛选器】对话框中勾选【初次】复选框，如图 3.6.2 所示。

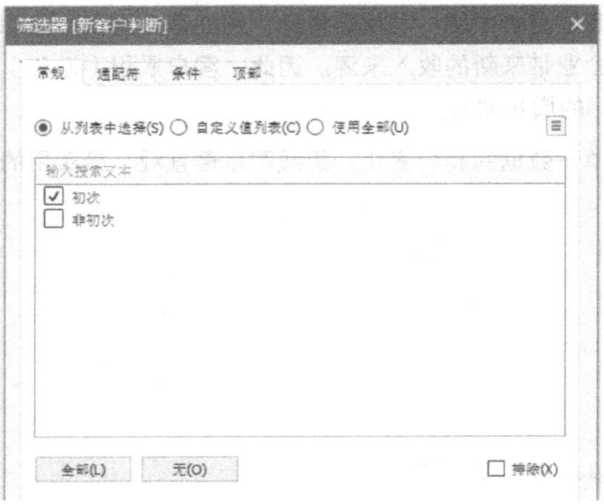

图 3.6.2

将【订单日期】（以天为维度）和【客户 ID】字段分别放入【列】、【行】中。然后通过胶囊下拉菜单中的【度量】命令将【客户 ID】转换为计数（不同），再通过胶囊下拉菜单中的【快速表计算】命令，将其转换为合计，转换后的结果如图 3.6.3 所示。

```
iii 列        天(订单日期)
≡ 行        RUNNING_SUM(COUNTD([客户 ID]))
```

图 3.6.3

客户 YTD 增长汇总：假设需要汇总的是当年的新增客户数，则我们可以对上述例子进一步延伸。将表计算依据由【表（横穿）】改为【区（横穿）】，按住 Ctrl 键，通过拖曳鼠标将【订单日期】字段（以年为维度）放入【列】中，得出新客户 YTD 增长汇总，如图 3.6.4 和图 3.6.5 所示。

图 3.6.4

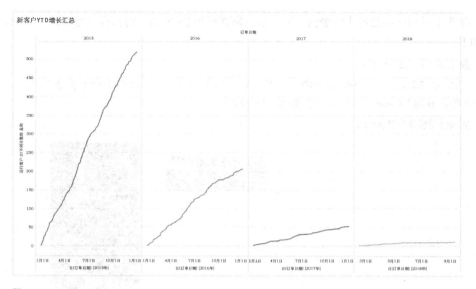

新客户YTD增长汇总

图 3.6.5

3.6.2　在 Power BI 中的实现步骤

在 Power BI 中打开数据文件。基于 Power BI 的模型特性，我们需要有一张基于订单事实表的客户维度表。创建新表的公式为：

客户表 = VALUES('订单'[客户 ID])

将维度表与事实表进行关联，如图 3.6.6 所示。

图 3.6.6

在客户表中，建立一个新度量值【最初购买日期】（见图 3.6.7）：

最初购买日期 = CALCULATE(MIN('订单'[订单日期]))

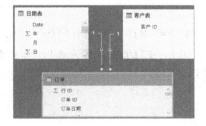

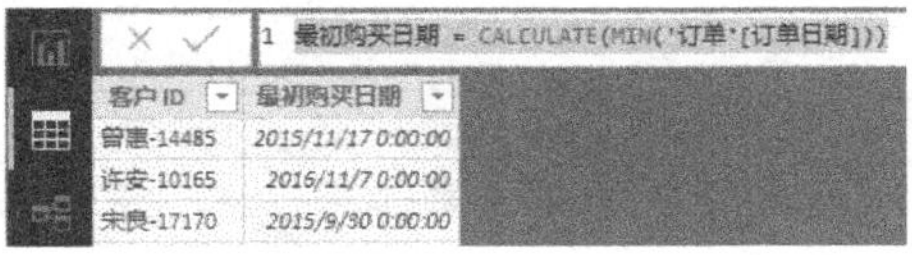

图 3.6.7

基于【最初购买日期】度量值，下一步仅需要利用 DAX 语句对新客户增长进行汇总，公式如下：

新客户增长汇总 1=
CALCULATE(DISTINCTCOUNT ('客户表'[客户 ID]), FILTER('客户表','客户表'[最初购买日期]<=LASTDATE('日期表'[Date])))

结果如图 3.6.8 所示。

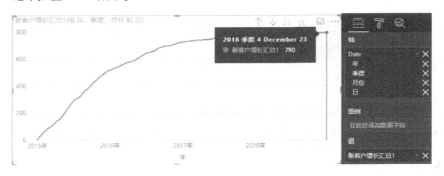

图 3.6.8

值得注意的是，该公式有可以改进的地方，因为从 2018 年 9 月以后就没有新客户增长了，但 X 轴中仍会显示至 2018 年 12 月的数据。

可以在公式前加一个判断条件，约束公式只显示至最后一个【最初购买日期】：

IF(CALCULATE(MAX('客户表'[最初购买日期])) >= MIN('日期表'[Date])

即：

新客户增长汇总 2 =
IF(CALCULATE(MAX('客户表'[最初购买日期])) >= MIN('日期表'[Date]),
CALCULATE(DISTINCTCOUNT('客户表'[客户 ID]), FILTER('客户表','客户表'[最初购买日期]<=LASTDATE('日期表'[Date]))))

图 3.6.9 中对比了两种度量值计算结果的差别。

年	季度	月份	新客户增长汇总1	新客户增长汇总2
2018	季度 1	January	779	779
2018	季度 1	February	780	780
2018	季度 1	March	783	783
2018	季度 2	April	785	785
2018	季度 2	May	788	788
2018	季度 2	June	788	788
2018	季度 3	July	788	788
2018	季度 3	August	789	789
2018	季度 3	September	790	790
2018	季度 4	October	790	
2018	季度 4	November	790	
2018	季度 4	December	790	
总计			790	790

图 3.6.9

客户 YTD 增长汇总：为上面的公式添加一个新条件，限制累积从当年开始：

YEAR('客户表'[最初购买日期])= YEAR(LASTDATE('日期表'[Date])

即：

新客户增长 YTD 汇总 =

IF(CALCULATE(MAX('客户表'[最初购买日期])) >=MIN('日期表'[Date]),
CALCULATE(DISTINCTCOUNT('客户表'[客户 ID]), FILTER('客户表', '客户表'[最初购买日期]<=LASTDATE('日期表'[Date]) && YEAR('客户表'[最初购买日期])= YEAR(LASTDATE('日期表'[Date]))))))

结果如图 3.6.10 所示。

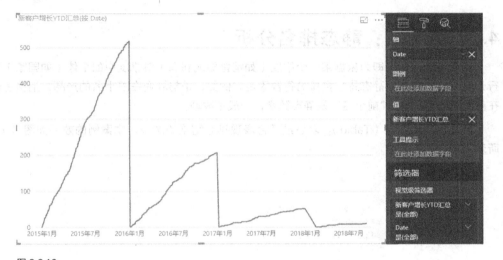

图 3.6.10

彼得点评：本节案例在 Tableau 中实现时，利用 Tableau 的筛选器和表计算的组合求出新客户增长汇总，如果使用 RUNNING_COUNTD 函数，那么公式会更加简洁。而在 Power BI 中，CALCULATE 函数充当了 RUNNING_COUNTD 函数的角色，而 FILTER 函数起到了累加判断的作用。

第 4 章
排名分析

排名分析主要用于有相同属性的不同事物之间的比较并展示排名顺序。本章内容涵盖静态和动态两种排名方式，以及用作展示排名结果的斜线图。

4.1 第 7 招：静态排名分析

商业场景：排名即为依据某一个维度（如销售额或利润）对维度中的个体（如国家）进行升序或降序排序。静态排名指排名行数固定。例如，销售利润在前十名的产品、消费金额在前十名的客户等。"前十名"是静态数字，一般不改动。

可视化实现：表（Table）。表是最适合表现排名结果的图表，本案例的效果如图 4.1.1 所示。

静态排名		
客户 ID	销售额 ▽	消费排名
唐蔓-18010	¥47,540.12	1
刘明-18295	¥43,647.94	2
白忠-11515	¥42,519.30	3
潘荷-13735	¥40,246.43	4
谭珊-19900	¥36,417.08	5
万达-11815	¥34,919.04	6
邓实-20245	¥33,876.64	7
袁栋-12355	¥26,285.74	8
邓惠-14470	¥25,983.13	9
丁蔓-18025	¥25,440.74	10

图 4.1.1

4.1.1 在 Tableau 中的实现步骤

在 Tableau 中的解题思路：

（1）依据销售额，通过表计算得出排名。

（2）以【客户 ID】字段为基准，依据销售额数值创建集（SET）。

（3）将集放入筛选器中，筛选排名结果。

（4）设置筛选上下文，依据【订单日期】字段进行字段排序。

在 Tableau 中打开数据文件，将【销售额】字段添加到【列】中，将【客户 ID】字段添加到【行】中。选择【快速表计算】→【排序】命令对【销售额】胶囊进行排序，完成后再次添加【销售额】字段到【列】中，结果如图 4.1.2 所示。

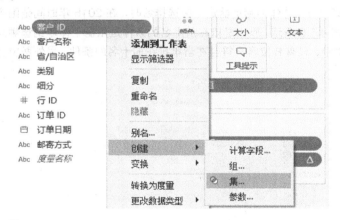

静态排名

客户 ID	销售额	沿着 表(向下) 的 销售额 的排..
徐婵-11005	¥82,895.26	1
田磊-16120	¥77,369.33	2
刘明-18295	¥68,737.23	3
武杰-14815	¥68,112.02	4
何惠-14395	¥68,061.53	5
涂丽-15955	¥66,122.45	6
范刚-13135	¥64,604.51	7
彭娜-18550	¥63,495.12	8
邓惠-14470	¥62,389.26	9
龙婷-21115	¥61,513.76	10
韦达-11830	¥61,263.47	11
黄磊-16000	¥60,376.74	12
潘荷-13735	¥59,418.53	13
许绅-19960	¥58,891.80	14

图 4.1.2

用鼠标右击【客户 ID】字段，在弹出的快捷菜单中选择【创建】→【集】命令，如图 4.1.3 所示。

图 4.1.3

在弹出的对话框中，选择【顶部】标签，在【按字段】栏中输入 10，将【销售额】设为

【总和】，如图 4.1.4 所示。最后单击【确定】按钮完成设置。

图 4.1.4

将创建的新集放入【筛选器】中，编辑排名字段的名称，结果如图 4.1.5 所示。

静态排名

客户 ID	销售额 F	消费排名
徐婵-11005	¥82,895.26	1
田磊-16120	¥77,369.33	2
刘明-18295	¥68,737.23	3
武杰-14815	¥68,112.02	4
何惠-14395	¥68,061.53	5
涂丽-15955	¥66,122.45	6
范刚-13135	¥64,604.51	7
彭娜-18550	¥63,495.12	8
邓惠-14470	¥62,389.26	9
龙婷-21115	¥61,513.76	10

图 4.1.5

值得注意的是，当将【订单日期】作为筛选器进行筛选排名时，在 2015 年时间范围内仅显示了 8 位客户的排名，如图 4.1.6 所示。原因是排在前十名的条件是依据个体年销售额总和得出的，而在 2015 年的子集中，只有 8 位客户符合在当年排在前十名的条件，另外两位客户不显示。

静态排名

客户 ID	销售额 F	消费排名
刘明-18295	¥43,647.94	1
邓惠-14470	¥25,983.13	2
范刚-13135	¥16,989.62	3
何惠-14395	¥15,636.04	4
龙婷-21115	¥13,117.16	5
彭娜-18550	¥7,982.10	6
田磊-16120	¥6,078.66	7
涂丽-15955	¥630.67	8

图 4.1.6

用鼠标右击筛选器中的【订单日期】胶囊，在弹出的快捷菜单中选择【添加到上下文】命令，如图 4.1.7 所示。

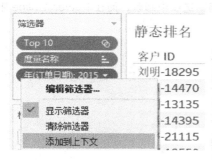

图 4.1.7

如图 4.1.8 所示，2015 年的客户排名又显示了前十名客户，因为新的排名是依据【订单日期】字段作为上下文进行排序的。此处涉及了 Tableau 中的一个非常重要的概念【上下文】（详情可参阅第 2 章）。到此，一个简单的静态排名就制作完成了。

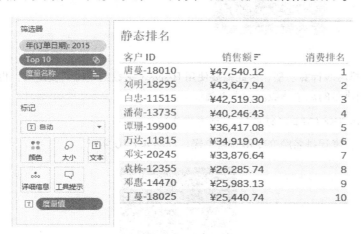

图 4.1.8

4.1.2 在 Power BI 中的实现步骤

在 Power BI 中的解题思路：

（1）在筛选中选择销售额进行排序，设置排名数。

（2）创建客户表。

（3）用 RANKX 函数创建排名度量值。

（4）对排名进行静态筛选。

在 Power BI 中打开数据文件。Power BI 界面中有无代码排序功能，用户可使用筛选器中默认的【前 N 个】功能，按【销售汇总】值对【客户 ID】字段进行排序，如图 4.1.10 所示。但该设置有一些限制：必须在 Power Desktop 的筛选选项中修改，而在 Power Online 中则无法修改，如图 4.1.9 所示。

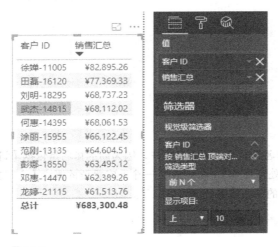

图 4.1.9

在 Power BI 中没有排名表计算功能，因此需要使用 RANKX 函数创建排名度量值，也可以利用参数表动态地控制排名的总个体数。创建度量值：

客户消费排名 1 = RANKX(ALL('订单'),[销售汇总])

将此度量值放入表中，发现排名顺序变得非常奇怪，如图 4.1.10 所示。

图 4.1.10

上表中存在的错误在于依据重复【客户 ID】字段进行排序。正确的排名方式是先创建新表，再建立关联：客户表 = VALUES('订单'[客户 ID])，如图 4.1.11 所示。

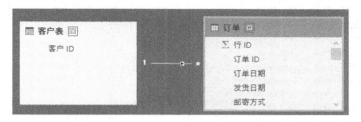

图 4.1.11

创建新的度量值：

客户消费排名 2 = RANKX(ALL('客户表'[客户 ID]),[销售汇总])

此处将公式中的【'订单'[客户 ID]】替换为【'客户表'[客户 ID])】，将表中的度量值【客户消费排名 1】替换为【客户消费排名 2】，如图 4.1.12 所示。此时可以使用筛选器，对排名进行静态筛选。

客户 ID	销售汇总 ▼	客户消费排名2
徐婵-11005	¥82,895.26	1
田磊-16120	¥77,369.33	2
刘明-18295	¥68,737.23	3
武杰-14815	¥68,112.02	4
何惠-14395	¥68,061.53	5
涂丽-15955	¥66,122.45	6
范刚-13135	¥64,604.51	7
彭娜-18550	¥63,495.12	8
邓惠-14470	¥62,389.26	9
龙婷-21115	¥61,513.76	10
总计	¥683,300.48	1

图 4.1.12

美中不足的是，在【总计】字段中出现排名为 1 的结果，让人困惑。创建以下公式，使【总计】字段不显示在排名中，因为【总计】字段所对应的 HASONEVALUE('客户表'[客户 ID]) 值为空。另外，即使通过筛选器对结果进行年份筛选，其结果仍然返回当年销售额在前十名的客户，因为在 Power BI 中默认其他筛选器为上下文，如图 4.1.13 所示。

客户消费排名 3 = IF(HASONEVALUE('客户表'[客户 ID]),[客户消费排名 2])

彼得点评：尽管本节介绍的分析方法十分简单，但是细微之处见真章。例如，Tableau 中的上下文设置，Power BI 中的 HASONEVALUE 函数都是非常有用的筛选设置。相比引人入胜的图表，更重要的是图表背后的计算逻辑。

年

- 2015
- 2016
- 2017
- 2018

客户 ID	销售汇总	客户消费排名3
徐婵-11005	¥82,895.26	1
田磊-16120	¥77,369.33	2
刘明-18295	¥68,737.23	3
武杰-14815	¥68,112.02	4
何惠-14395	¥68,061.53	5
涂丽-15955	¥66,122.45	6
范刚-13135	¥64,604.51	7
彭娜-18550	¥63,495.12	8
邓惠-14470	¥62,389.26	9
龙婷-21115	¥61,513.76	10
总计	**¥683,300.48**	

图 4.1.13

4.2 第 8 招：动态排名分析

商业场景：动态排名是静态排名的升级。在动态排名中，排名的行数是动态的，可随时通过参数调整。

可视化实现：表（Table），本节案例的效果如图 4.2.1 所示。

动态排名

客户 ID	销售额	客户消费排名
徐婵-11005	¥82,895.26	1
田磊-16120	¥77,369.33	2
刘明-18295	¥68,737.23	3
武杰-14815	¥68,112.02	4
何惠-14395	¥68,061.53	5

客户消费排名

5

图 4.2.1

4.2.1 在 Tableau 中的实现步骤

在 Tableau 中的解题思路：

（1）创建参数用于排名输入。

（2）创建集/度量接受参数。

（3）添加创建的集/度量至筛选器中。

在 Tableau 中打开数据文件。在静态排名工作表中，用鼠标右击度量区，在弹出的快捷菜单中选择【创建】→【参数】命令。在打开的【创建参数】对话框中设置【数据类型】为【整数】，设置【显示格式】为【自动】，如图 4.2.2 所示。

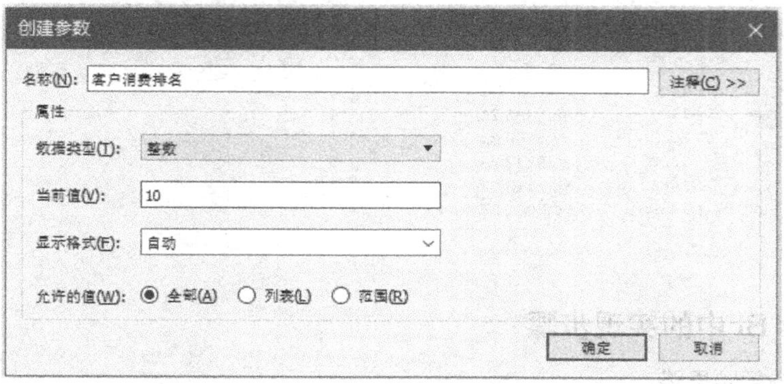

图 4.2.2

创建【客户消费排名集】并在如图 4.2.3 所示的对话框中进行编辑。此处与静态排名中的【集】的不同之处在于，动态排名依据【客户消费排名】字段对销售额进行排名。

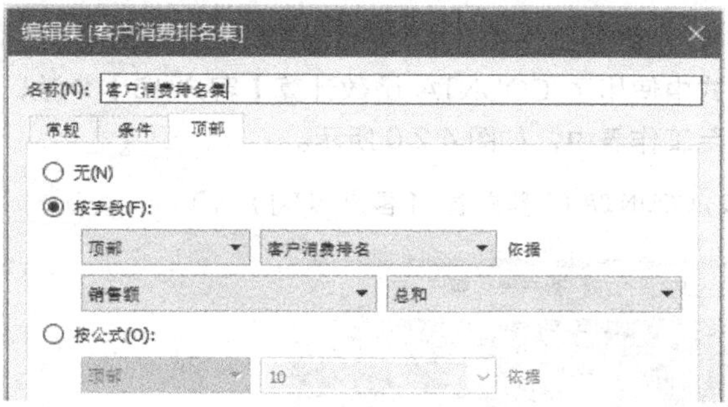

图 4.2.3

将集拖入筛选器栏中，在弹出的对话框内勾选【内】复选框，意味着只是选择集范围内的客户 ID，如图 4.2.4 所示。

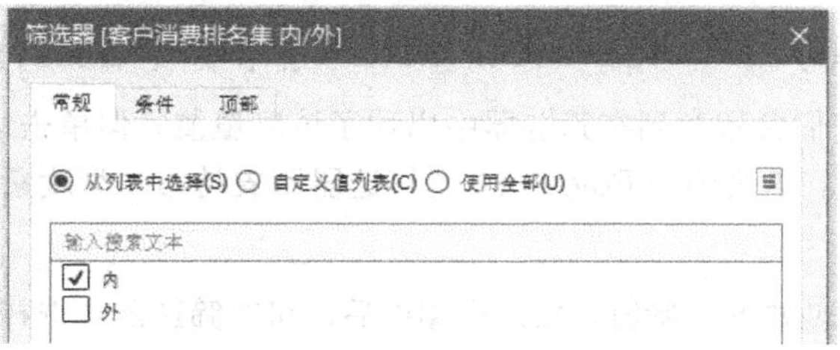

图 4.2.4

将【客户消费排名集】字段添加至工作表中，通过在左侧的【客户消费排名】栏中输入数字可以更改显示排名的行数，如图 4.2.5 所示。

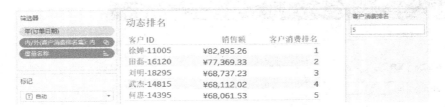

图 4.2.5

4.2.2 在 Power BI 中的实现步骤

在 Power BI 中的解题思路：

（1）创建用于排名的参数表及参数公式。

（2）创建度量值接受参数且返回数值。

（3）通过视觉筛选器进行数值判断显示排名行数。

在 Power BI 中打开数据文件。创建一张新工作表【排名表】作为客户排名参数表。在其中输入下面的公式设置排名参数，公式中使用了 COUNTA 函数计算【客户 ID】个数，即客户总数，然后将创建的排名参数添加至工作表中，如图 4.2.6 所示。

排名表 = GENERATESERIES(1,COUNTA('客户表'[客户 ID]) ,1)

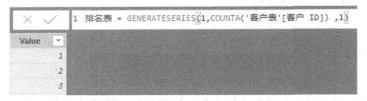

图 4.2.6

创建一个新度量值用于判断参数设定的排名：

小于参数排名 1 = [客户消费排名 3] <= SELECTEDVALUE('排名表'[Value])

将度量值放于排名表中，这时我们会留意到在筛选器中出现了该度量值，但单击之后，无法对其进行筛选，如图 4.2.7 所示。这是因为 Power BI 的筛选器不支持布尔型度量值的筛选。

创建另一个新度量值，替换前面创建的度量值，放入表图中后，可在筛选器中选择【不为空】条件进行筛选，如图 4.2.8 所示。

小于排名参数 2 = IF([客户消费排名 3] <= SELECTEDVALUE('排名表'[Value]),
[客户消费排名 3],BLANK())

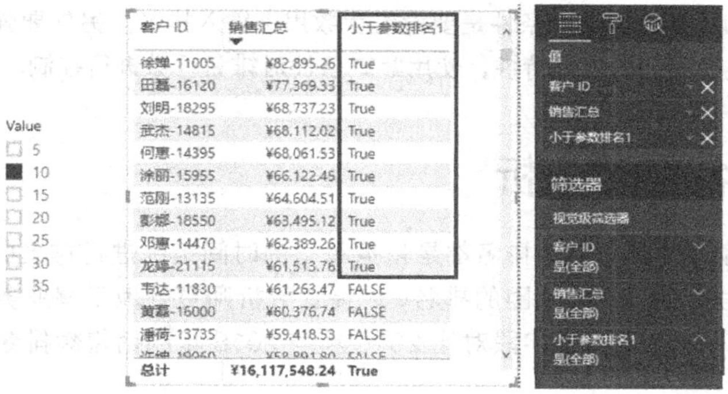

图 4.2.7

图 4.2.8

有的读者会有疑问："为什么这个度量值可以进行筛选呢？"让我们分别试一试用字段和度量值进行筛选，并观察它们的区别，如图 4.2.9 所示。严格地说，将度量值放置入筛选器中，不等式条件（大于或小于）不影响排名的行数，只有在添加为等式条件（等于、不为空）时，才影响显示排名结果。这里利用 Power BI 的"不为空"选项，巧妙地进行了"筛选"。

字段筛选生效　　　　　　　　　　度量值筛选无效

图 4.2.9

彼得点评：动态排名更加灵活，但前提条件是要设置参数用于输入排名。另外要强调的是，读者需要了解排名度量值在筛选器中的特性，使用等式条件对排名行数进行控制。

4.3 第 9 招：排名变动分析

商业场景：前文介绍了静态排名与动态排名都是依据单一的时间范围进行排名的。在实际的分析中，往往还需要对比不同时间范围的排名，以便让分析师更好地了解业务的变化。例如，图 4.1.1 所示的是依据【国家】字段对比 2016 年与 2018 年的销售额排名变化情况。

可视化实现：斜线图（Slope Chart）。斜线图可清晰地展示在不同时间点中个体的排名变化。本节案例的效果如图 4.3.1 所示。

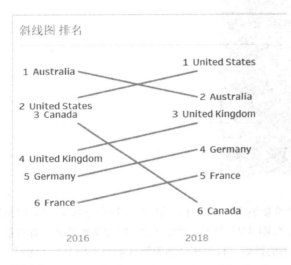

图 4.3.1

4.3.1 在 Tableau 中的实现步骤

在 Tableau 中的解题思路：

（1）依据【国家】字段，制作折线图呈现销售额的变化情况。

（2）通过筛选保留 2016 年与 2018 年的销售额。

（3）依据表计算排名得出排名顺序。

在 Tableau 中打开数据文件。在本案例中将用到地理维度，因此将数据文件（【线上销售】表）与【顾客】和【地理】两张表连接，并选择左侧连接，如图 4.3.2 所示。

日· 线上销售 (AdventureWorks2016中文)

图 4.3.2

先创建一个以【订单日期】为【列】、以【销售额】为【行】的斜线图，将【国家】字段放入【标签】卡中。通过筛选器选择【2016 年】和【2018 年】时间维度，如图 4.3.3 所示。

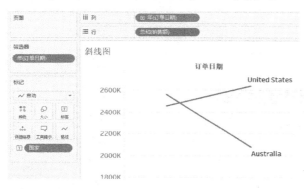

图 4.3.3

在【行】中的【销售额】胶囊的下拉菜单中选择【快速表计算】→【排序】命令。再选择下拉菜单中的【计算依据】→【国家】命令，如图 4.3.4 所示。

图 4.3.4

此刻，斜线图已经初具雏形。下一步是优化格式。请留意，此时 Y 轴上的度量值是从高至低排序的，通过【编辑轴】命令，使排序变为由低到高排序。单击【标签】卡，在弹出的对话框中选择【线末端】选项，如图 4.3.5 所示。

再单击【文本】栏旁边的编辑按钮，在弹出的对话框中改变内容显示的格式，如图 4.3.6 所示。

提示：按住 Ctrl 键，将行中的胶囊拖曳至筛选器中，在弹出的对话框中可以设置需要筛选的条件，如图 4.3.7 所示。结果如图 4.3.8 所示。

另外，若是想要调整图表的宽度，可将鼠标光标放在图的右侧。当鼠标光标显示成图 4.3.8 所示的样式时，可拖动虚线完成设置。

图 4.3.5

图 4.3.6

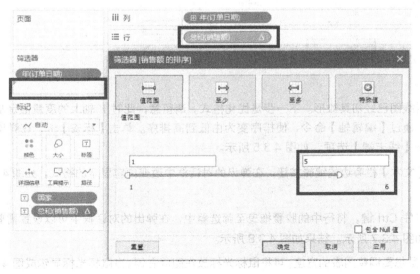

图 4.3.7

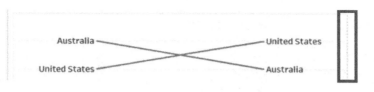

图 4.3.8

4.3.2　在 Power BI 中的实现步骤

在 Power BI 中的解题思路：

（1）选择特定的斜线图。

（2）创建依据 2016 年和 2018 年的销售额求和的度量值。

（3）将度量值放入可视化图中。

在 Power BI 可视化区中，单击【从市场导入】命令，通过搜索关键字"Slope"添加斜线图，如图 4.3.9 所示。

图 4.3.9

先得出 2016 年和 2018 年的销售额，再基于此用 RANKX 函数进行排序：

```
2016 Sales = CALCULATE(SUM('线上销售表'[销售额]),'日期表'[年]=2016)

2018 Sales = CALCULATE(SUM('线上销售表'[销售额]),'日期表'[年]=2018)

2016 Sales Ranking = RANKX(ALL('地理表'[国家地区名称]),[2016 Sales])

2018 Sales Ranking = RANKX(ALL('地理表'[国家地区名称]),[2018 Sales])
```

最后，将【国家地区名称】字段放入【Category】（类别）中，将【2016 Sales Ranking】（2016 销售额排名）和【2018 Sales Ranking】（2018 销售额排名）字段放入【Measure】（度量）中。

提示：在配置可视化控件时，有可能遇到无法显示视觉对象的情况，如图 4.3.10 所示。造成这种问题的原因是需要安装 R 包。对应的解决方法是按照错误提示或下面的步骤安装 R 包，在安装过程中发出的警告信息可以忽略。

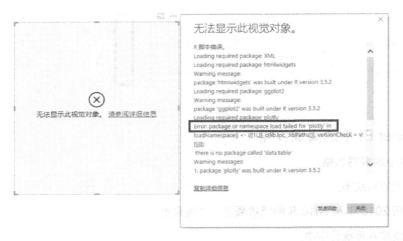

图 4.3.10

在 Power BI 的菜单中选择【File】→【选项和设置】→【选项】命令，在【R 脚本】选项卡下可确认 Power BI 所依赖的 R 主目录路径，如图 4.3.11 所示。

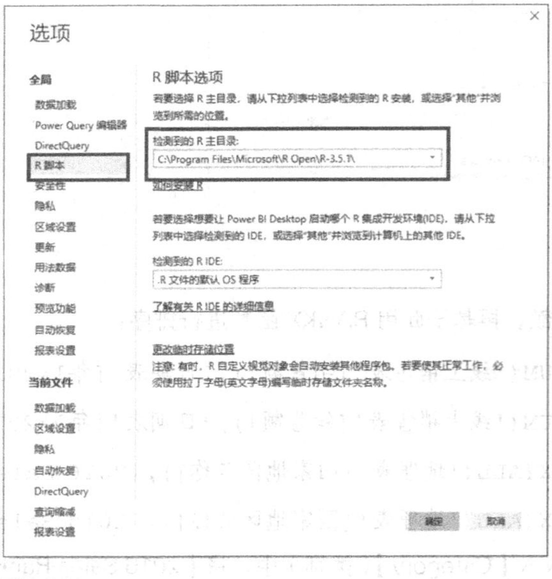

图 4.3.11

在本案例中使用的 R 主目录为 C:\Program Files\Microsoft\R Open\R-3.5.1\。在文件夹 bin 中运行 R.exe 文件，在弹出的 Windows 命令窗口中，通过命令安装 R 包，例如，install.packages("plotly")，如图 4.3.12 所示，效果如图 4.3.13 所示。

彼得点评：Tableau 的一个优点是可以直接将度量值作为筛选器使用，极大地方便了用户筛选，而且格式设置灵活。Power BI 中有专有的斜线图，但欠缺灵活性，尤其是排名只能由高至低排列。在本案例中显示出的排序依据是销售额排名名次，而不是销售额数值，在图表的美观性上有所欠缺。另外，Power BI 中的斜线图不支持中文数据，使用时会出现乱码，如图 4.3.14 所示。这也是本案例使用英文数据集的原因。

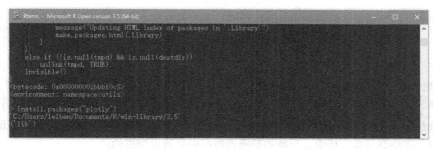

图 4.3.12

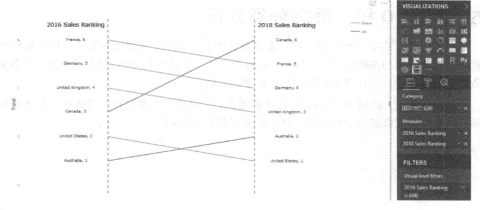

图 4.3.13

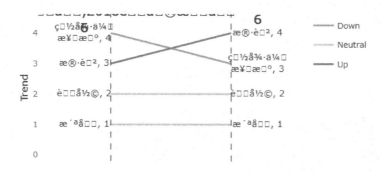

图 4.3.14

第 5 章
分类分析

分类分析是指将不同的数值区间分别定义为不同的指标，例如将利润运营指标（KPI）定义为高盈利、中盈利亏损三种类型，通过计算公式，将销售订单归类，最终进行求和等分析。

分类分析分为两种：静态分类分析和动态分类分析。在静态分类分析中，分类的范围是写"死"的；在动态分类分析中，分类的范围通过参数是可以调整的。

5.1 第 10 招：静态分类分析

商业场景：在商业分析中，可以通过折线图加时间轴呈现数据的变化。但有的时候，分析师需要掌握更为细微的 KPI。在本节案例中，将日盈利作为 KPI，分为高利润、正常利润、负利润三种类型，并计算其在对应月中出现的次数。

可视化实现：区域图（Area）。相比折线图，在区域图中通过对比面积更有利于帮助分析师分析数据，洞察其背后的变化规律。本节案例的效果如图 5.1.1 所示。

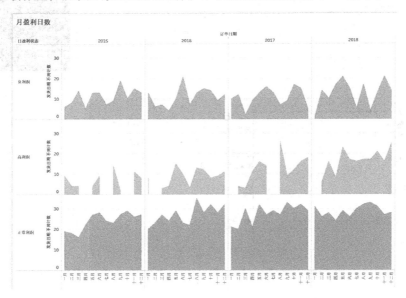

图 5.1.1

解题思路：

（1）按【订单日期】维度求出当日的利润汇总。

（2）通过判断语句将销售日分为"高利润日""正常利润日"和"负利润日"。

5.1.1　在 Tableau 中的实现步骤

在 Tableau 中打开数据文件。先通过 LOD 语句按照【订单日期】维度聚合【利润】，求出当日利润汇总：

```
当日利润汇总={FIXED[订单日期]:SUM([利润])}
```

接着对盈利状态进行分类，按照数量分为三类并创建计算字段【日盈利状态】，其公式如下：

```
If [当日利润汇总] >5000 THEN "高利润"
ELSEIF [当日利润汇总] <0 then "负利润"
ELSE "正常利润" END
```

将【年（订单日期）】【月（订单日期）】和【日盈利状态】字段分别放入【列】和【行】中，完成维度设置。将【发货日期】字段放入【行】中，在其下拉菜单中选择【度量】➜【计数（不同）】命令，完成度量值设置，如图 5.1.2 所示。

图 5.1.2

接着将标记卡中的图形改为【区域】，将【日盈利状态】字段放入【颜色】卡中，如图 5.1.3 所示。

图 5.1.3

至此，日盈利 KPI 分析完成，用户可以读出该月的"高盈利日""正常盈利日"与"负利润日"的计数及各类别的变化趋势。

若要修改 Y 轴的标题，可用鼠标右击 Y 轴上的字段，在弹出的快捷菜单中选择【编辑轴】命令，在打开的对话框中进行修改，如图 5.1.4 所示。

轴标题
标题
日数

图 5.1.4

5.1.2 在 Power BI 中的实现步骤

在 Power BI 中打开数据文件。因该案例中涉及日期维度，所以在 Power BI 中的首要任务是在 Power BI 模型中依据时间维度建立计算列。在日期表中创建两个新计算列，分别命名为【每日利润】和【日盈利状态】，如图 5.1.5 所示。

每日利润 = CALCULATE(SUM('订单'[利润]))//按日期 DATE 汇总利润

日盈利状态 = IF([每日利润]>5000,"高利润",IF([每日利润]>0,"正常盈利","负利润"))//按利润额区分利润 KPI

| 1 日盈利状态 = IF([每日利润]>5000,"高利润",IF([每日利润]>0,"正常盈利","负利润"))//按利润额区分利润kpi |

年	月	日	月份数	年月	日期键	季度数	按年日数	按季度日数	按月日数	年月序列	年季序列	每日利润	日盈利状态
7	2015	Jul	1	7	2015-July	20150701	3	182	1	1	7	3	451.36	正常盈利
7	2015	Jul	2	7	2015-July	20150702	3	183	2	2	7	3	2736.58	正常盈利
7						20150703	3	184						负利润
7	2015	Jul	4	7	2015-July	20150704	3	185	4	4	7	3	2282.14	正常盈利
7	2015	Jul	5	7	2015-July	20150705	3	186	5	5	7	3	1359.96	正常盈利
7	2015	Jul	6	7	2015-July	20150706	3	187	6	6	7	3	346.186	正常盈利
7	2015	Jul	7	7	2015-July	20150707	3	188	7	7	7	3	128.8	正常盈利
7	2015	Jul	8	7	2015-July	20150708	3	189	8	8	7	3	-1682.604	负利润

图 5.1.5

现在可以对【每日利润】进行统计了。创建一个新度量值:

月盈利计数 = COUNT('日期表'[日盈利状态])//对每日利润进行统计

在视觉控件中选择堆积面积图 📊，将【Date】【日盈利状态】和【月盈利计数】字段分别放入【轴】【图例】和【值】中，如图 5.1.6 所示。再单击 ⬡ 按钮，单击【图例】和【值】下的标题，可修改其显示的标题。

彼得点评：在本案例中，在 Tableau 中依据【订单日期】维度汇总利润，再通过 IF 公式判断盈利类别。在 Power BI 中，使用堆积面积图可以达到相似的效果，日期表的创建在这里是有必要的，由此才可以创建其余的计算字段。从总体上看，该分析方法十分简单、易用，但有一定的局限性，因为判断条件都被写死在公式中，若要修改判断条件，则需要修改代码。下文会介绍动态分类分析，供读者参考。

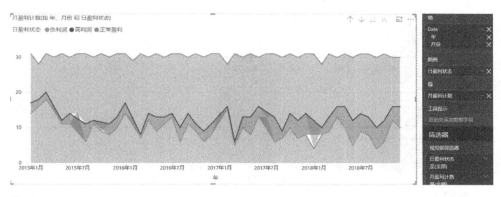

图 5.1.6

5.2 第 11 招：动态分类分析 I

商业场景：继续使用 5.1 节的案例，在本节案例中会通过分类表定义分类数值区间。本案例中会用到两张表：订单表与分类表，分类表的作用相当于参数表。Power BI 中的订单表与分类表彼此不需要关联。动态分类的好处是通过调整参数表，可以动态对分类结果求和。而 5.1 节中介绍的静态分类只能通过修改公式来设置分类定义。

可视化实现：表（Table）。因为图表背后的计算逻辑才是本节的重点，因此这里仅用表呈现最终计算结果。本案例的效果如图 5.2.1 所示。

动态分类 I	
利润..	
正常利润	¥2,926,491.22
高利润	¥216,006.87
负例如	¥-985,938.57

图 5.2.1

5.2.1 在 Tableau 中的实现步骤

在 Tableau 中的解题思路：

在表联接阶段，依据分类定义与事实表中相关的字段进行关联。

在 Tableau 中打开数据文件。Tableau 限制了单独表的存在，只要导入【利润分类】表，表与表必须建立关系。但是，此处的判断值是一个范围，因此两张表之间并没有直接的关联，如图 5.2.2 所示。

我们可以观察到，Tableau 似乎能接受带不等号的判断条件，于是这里换了一种联接方式，让 VALUE 值分别与 MAX VALUE 值及 MIN VALUE 值进行比较。图 5.2.3 所示的为比较结果，显示联接字段的数据类型不匹配。

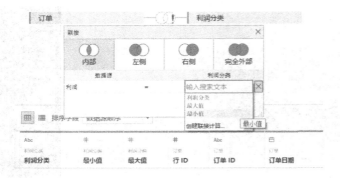

图 5.2.2

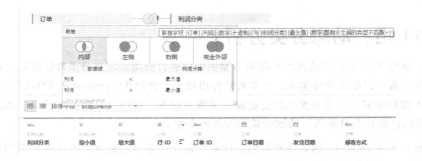

图 5.2.3

在字段下方有【编辑联接计算】选项，单击此选项后可以修改字段类型，此处选择"FLOAT"（浮点）型数据，如图 5.2.4 所示。

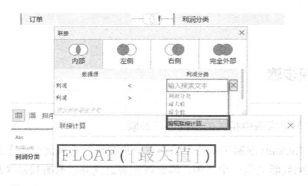

$$FLOAT([最大值])$$

图 5.2.4

虽然数据类型错误的问题解决了，但出现了新的问题：联接字段【订单】【利润】只能出现在单个联接比较中（也许是 Tableau 内置机制所致）。看来仅靠 Tableau Desktop 本身无法解决该问题，如图 5.2.5 所示。

图 5.2.5

　　其实还有一种解决方案：打开数据文件，复制一张新订单表，添加一个新列：【利润 2】并让其等于原来的【利润】列（即现在的【利润 1】列），这在 Excel 中很容易实现，如图 5.2.6 所示。

Q	R	S	T	U
销售额	数量	折扣	利润1	利润2
129.696	2	0.4	-60.704	-60.704
125.44	2	0	42.56	42.56
31.92	2	0.4	4.2	4.2
321.216	4	0.4	-27.104	-27.104
1375.92	3	0	550.2	550.2
11129.58	9	0	3783.78	3783.78
479.92	2	0	172.76	172.76
8659.84	4	0	2684.08	2684.08
588	5	0	46.9	46.9
154.28	2	0	33.88	33.88

图 5.2.6

　　关闭数据文件，重新创建一个 Tableau 数据文件。这次选取新创建的表，并建立【利润 1】与【最大值】字段，【利润 2】与【最小值】字段的联接，效果如图 5.2.7 所示，这次成功了。

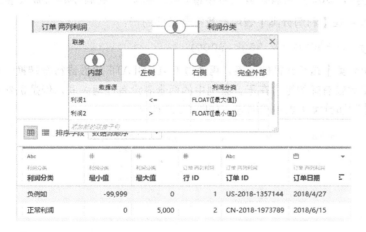

图 5.2.7

第 5 章　分类分析

109

5.2.2　在 Power BI 中的实现步骤

在 Power BI 中的解题思路：

（1）导入自定义分类表，不需要关联这两张表。

（2）在【订单】表中创建计算列，判断每条销售记录所属的分类。

在 Power BI 中单独导入【利润分类】表（见图 5.2.8）和【订单】表，无须与其他表建立任何关联。

图 5.2.8

在【订单】表中创建一个计算列，使用 FILTER 函数筛选【利润分类】表中对应的类别名称。

利润分类 = CALCULATE (VALUES ('利润分类'[利润分类]),

　　　　FILTER ('利润分类',

　'订单'[利润]>'利润分类'[最小值] && '订单'[利润]<= '利润分类'[最大值]

　　　　))

为了让读者更好地理解该公式，此处举例说明此公式的逻辑。当 VALUES 的值为 500 时，其公式为：

FILTER ('利润分类', 500>'利润分类'[最小值] && 500<='利润分类'[最大值])

再进一步推导，DAX 会在【利润分类】表中寻找符合条件的行：

FILTER ('利润分类', 500>0 && 500<=5000)

最终得出包含【利润分类】这行数据的子表，再通过 CALCULATE 函数进行行转换，得到对应的字段名称。这里比较有趣的地方在于，案例中的两张表没有任何关联，但是仍然可以在【订单】表中调用【利润分类】表中的内容，如图 5.2.9 所示。

产品名称	销售额	数量	折扣	利润	利润分类
GlobeWeis 搭扣信封, 红色	125.44	2	0	42.56	正常利润
Ibico 订书机, 实惠	479.92	2	0	172.76	正常利润
Stockwell 橡皮筋, 整包	154.28	2	0	33.88	正常利润
Accos 橡皮筋, 每包 12 个	150.36	2	0	23.8	正常利润
Novimex 合法证物标签, 可调	78.12	2	0	16.24	正常利润
Wilson Jones 孔加固材料, 实惠	42.28	2	0	10.08	正常利润

图 5.2.9

彼得点评：在 Tableau 中实现动态联接虽然有一些限制，但是还不算特别复杂。在 Power BI 中使用 DAX 查询功能也能出色地完成动态分类分析。由于筛选条件存在于参数表中而不存在于公式中，所以与 5.1 节的案例比较，此案例更加灵活和动态。

5.3　第 12 招：动态分类（分类重叠）分析 II

商业场景：动态分类分析 II 与动态分类分析 I 的区别在于：在动态分类分析 I 中需要创建新字段，而在动态分类分析 II 中只依据度量值进行计算，仅需要占用计算机的内存资源。另外，动态分类分析 II 中的分类更加灵活。如图 5.3.1 所示，其中正盈利总额等于高利润与正常利润之和。图 5.3.2 中所示的正盈利总额的范围与其他分类的范围重叠。如果尝试参照动态分类分析 I 中的例子创建新字段列，如图 5.3.3 所示，则 Power BI 会产生多值错误，显然字段无法判断所使用的分类。但是在动态分类分析 II 中，直接使用度量值则可避免该问题。

可视化实现：表（Table）。图表背后的计算逻辑才是本节的重点，因此这里仅用表呈现最终计算结果。本节案例的效果如图 5.3.1 所示。

利润分类	动态分类表
负例如	-985938.57
高利润	216006.87
正常利润	2926491.22
正盈利总额	3142498.09
总计	**5299057.60**

图 5.3.1

利润分类	最小值	最大值
负例如	-99999	0
正常利润	0	5000
高利润	5000	999999
正盈利总额	0	999999

图 5.3.2

```
1  利润分类2 = CALCULATE ( VALUES ( '利润分类2'[利润分类] ),
2       FILTER ('利润分类2',
3  '订单'[利润]>'利润分类2'[最小值] && '订单'[利润]<= '利润分类2'[最大值]
4       ))
```
⚠ 提供了含多个值的表，但表中应该具有单个值。

图 5.3.3

5.3.1　在 Tableau 中的实现步骤

在 Tableau 中的解题思路：

创建参数表与利润分类范围对应。

在 Tableau 中打开数据文件。对于此种重叠分类问题，目前 Tableau 没有太多方便的处理方式，一般仅有两种。

第一种：创建计算字段。

负利润=SUM（IF ［利润］<0 THEN ［利润］ END）

在上述公式中，通过 IF 判断语句与 SUM 函数的组合，汇总所有小于 0 的利润值。若有 N 种分类就意味着需要创建 N 个计算字段，如图 5.3.4 所示。

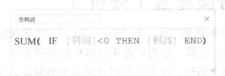

图 5.3.4

第二种方式：参数方式。

通过创建两个参数控件：【最小值利润】和【最大值利润】控制计算字段的值，如图 5.3.5 所示。

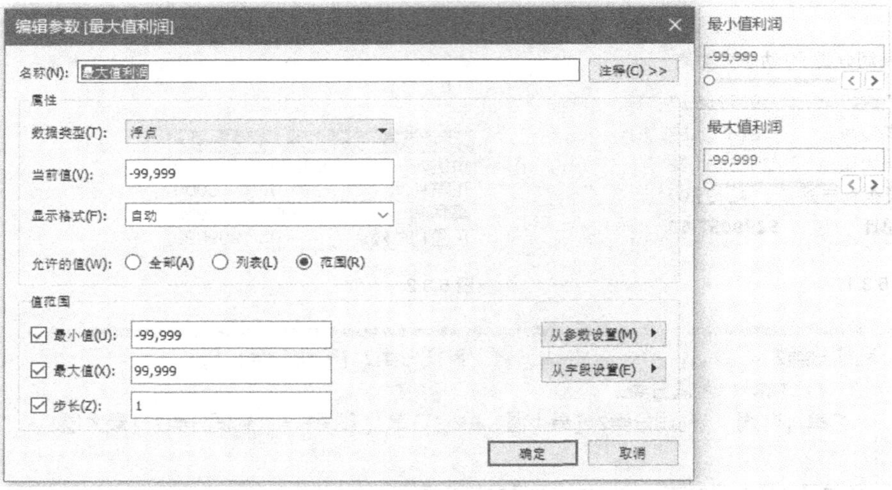

图 5.3.5

创建以下计算字段，通过调整参数值来调整利润的求和范围。

SUM（IF ［利润］<= ［最大值利润］ AND ［利润］> ［最小值利润］ THEN ［利润］ end ）

无论是方法一还是方法二，难点都在于手动创建计算字段，无法 100%实现动态计算。

5.3.2 在 Power BI 中的实现步骤

在 Power BI 中的解题思路：

（1）导入分类表，不进行关联。

（2）通过 DAX 公式直接依据各分类值范围进行求和。

导入【利润分类 2】表至模型中，此处演示两种计算分类方式。

第一种方式：创建动态分类表。

输入以下公式。该公式依据利润分类创建动态分类表，如图 5.3.6 所示。

```
动态分类表 =
ADDCOLUMNS (
    '利润分类 2',
    "动态分类", SUMX (
        FILTER ( '订单', '订单'[利润] > '利润分类 2'[最小值] && '订单'[利
润] <= '利润分类 2'[最大值] ),
        [利润]
    )
)
```

```
1 动态分类表 = ADDCOLUMNS('利润分类2',"动态分类", SUMX(FILTER('订单','订单'[利润]>'利润分类2'[最小值]&&'订单'[利润]<='利润分类2'[最大值]),[利润]))
```

利润分类	最小值	最大值	动态分类
负例如	-99999	0	-985938.57
正常利润	0	5000	2926491.22
高利润	5000	999999	216006.87
正盈利总额	0	999999	3142498.09

图 5.3.6

将其中的【动态分类表】度量值拖入【利润分类 2】表中，如图 5.3.7 所示。但是此种方法有一个瑕疵：在总计时把所有分类值都进行了求和（包括重叠部分）。

利润分类	动态分类表
负例如	-985938.57
高利润	216006.87
正常利润	2926491.22
正盈利总额	3142498.09
总计	**5299057.60**

图 5.3.7

第二种方式：创建度量值。

创建以下度量值，其中内部的 FILTER（…）>0 的判断表达式返回布尔值，当布尔值为真时，外部的 FILTER 函数返回 VALUES('订单'[利润])，通过 SUMX 函数进行聚合计算。

```
利润求和= SUM('订单'[利润])
利润分类求和 =
SUMX (
    FILTER(
        VALUES('订单'[利润]),
            COUNTROWS( FILTER ( '利润分类 2', '订单'[利润] >= '利润分类
2'[最小值] && '订单'[利润] < '利润分类 2'[最大值] )) >0
    ),
    [利润求和]
)
```

结果如图 5.3.8 所示。

利润分类	利润求和
负例如	¥-985,938.57
高利润	¥216,006.87
正常利润	¥2,926,491.22
正盈利总额	¥3,142,498.09
总计	¥2,156,559.52

图 5.3.8

彼得点评： 在本节案例中，Tableau 无法 100%完成重叠分类的计算。虽然可使用计算字段与参数组合实现相近的功能，但是过于烦琐，尤其当分类数量变得庞大时。而 DAX 公式在这里确实体现了其强大的功能，其通过创建新的动态分类表重新构建新表，或者通过嵌套高级 DAX 语句实现聚合计算。BI 工具是否强大，要看其聚合能力。

第6章
差异分析

在商业分析中，差异分析属于使用频率比较高的分析类型。其主要形式为对比个体与个体的差异，例如，平均值与异常值的差异、目标值与历史值的差异等，而这些在本章内容中都有涉及。

6.1 第13招：异常值检测分析

商业场景：在商业运维中，往往会出现关键指标发生异常变化的情况（要么太高，要么太低），此时应当引起分析师的重视，进行异常值检测。通常在此过程中会定义最高阈值与最低阈值，正常值的范围被称为正常值区间。超出正常值区间的值被称为异常值。

可视化实现：分区折线图（Small Multiple Line Chart）。它是一种带分区的折线图，依据年份分区，通过公式添加参考线，可以用不同颜色区分正常值与异常值。本节案例的效果如图6.1.1所示。

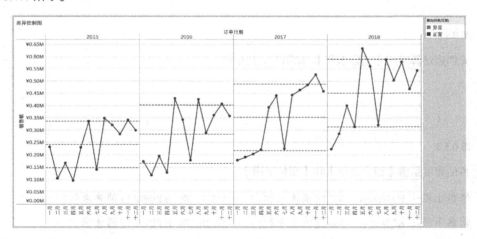

图 6.1.1

解题思路：

（1）以年份为依据创建分区折线图。

（2）创建依据平均线的阈值参考线。

（3）用颜色区分正常值与异常值。

6.1.1　在 Tableau 中的实现步骤

在 Tableau 中打开数据文件。在本节案例中将依据【国家】维度呈现 2015—2018 年销售额的变化趋势，如图 6.1.2 所示。具体操作如下。

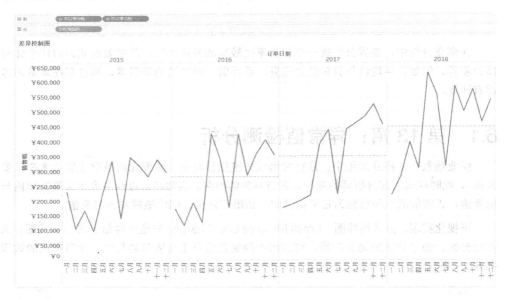

图 6.1.2

先创建计算字段【销售求和】，如图 6.1.3 所示。

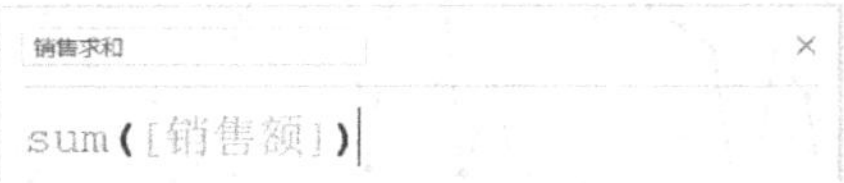

销售求和

sum([销售额])

图 6.1.3

再创建度量值【销售上限】和【销售下限】:

销售上限= WINDOW_AVG([销售求和]) + WINDOW_STDEV([销售求和])

销售下限= WINDOW_AVG([销售求和]) - WINDOW_STDEV([销售求和])

在公式中，WINDOW_AVG 和 WINDOW_STDEV 都属于表计算函数，其用处是求区域的平均值加/减一个区域的标准差值。将两个度量值放置在【详细信息】卡中，再在两个胶囊的下拉菜单中设置【计算依据】为【区（横穿）】，如图 6.1.4 所示。

图 6.1.4

提示：【详细信息】卡的作用在于将度量值放在工作表中，作为其他度量值的依据。

在【分析】栏中，通过拖曳鼠标将【参考区间】选项添加至工作表（区）中。在弹出的对话框中选择【区间】选项，分别设定区间开始值和区间结束值，如图 6.1.5 所示。

图 6.1.5

格式美化：到此，我们已经完成了该分析图的雏形制作，下面将优化可视化效果。创建【异常/正常】度量值，将其放入【颜色】卡中。输入以下公式：

IF［销售求和］>［销售上限］or［销售求和］<［销售下限］ THEN "异常"

ELSE "正常" END

按住 Ctrl 键，用鼠标拖曳一个相同的【销售额】字段到【行】中，这时工作表中出现两幅相同的趋势图。在第二幅图所对应的标记卡中将图形改为【圆】，去除原有的胶囊级别，将前面新建的度量值添加到【颜色】卡中，如图 6.1.6 所示。

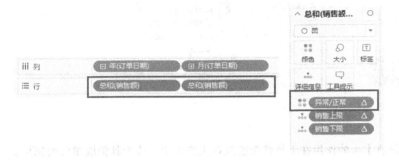

图 6.1.6

用鼠标右击第二幅图中的 Y 轴，在弹出的快捷菜单中选择【双轴】命令，将两张图合为一张图。再用鼠标右击 Y 轴，在弹出的快捷菜单中选择【同步轴】命令，完成图表最后的美化，如图 6.1.7 所示。

图 6.1.7

6.1.2　在 Power BI 中的实现步骤

在前面的案例中，曾经使用过 Small Multiple Line Chart（区间折线图），此图形用于季节性同比分析。本节案例中会再次使用该图形。

在 Power BI 中打开数据文件。在 Power BI 默认的可视化控件中没有相应的区间折线图，解决方法之一是用 3 个折线图表示 3 个不同的年份区间。

第一步创建新表，并创建【依据年月销售额】字段，即依据【年份】和【月份数】字段对销售额求和，如图 6.1.8 所示。

依据年月销售额 = SUMMARIZECOLUMNS('日期表'[年份],'日期表'[月份数],"依据年月销售额",[销售求和])

年份	月份数	依据年月销售额
2015	1	¥231,602
2016	1	¥173,121
2017	1	¥178,402
2018	1	¥222,776
2015	2	¥104,934
2016	2	¥117,714

图 6.1.8

在此基础上，创建计算销售额平均值和标准方差的公式。在【年均销量】公式中，ALL 函数用于排除上下文筛选中【月份数】字段的影响，得出一年中所有月份的销售额的平均值。DAX 中有两类方差函数：个体方差函数与群体方差函数。在此案例中，销售数值是群体，因此使用群体方差函数 STDEV.P 更为合理，结果如图 6.1.9 所示。

年均销量 = CALCULATE(AVERAGE('依据年月求和销售'[依据年月销售额]),ALL('依据年月求和销售'[月份数]))

销售方差 P = CALCULATE(STDEV.P([依据年月销售额]),ALL('依据年月求和销售'[月份数]))

销售方差 S = CALCULATE(STDEV.S([依据年月销售额]),ALL('依据年月求和销售'[月份数]))

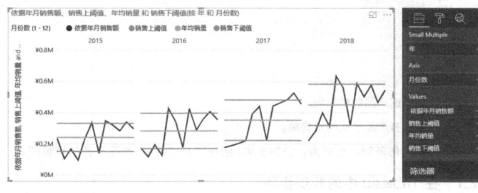

图 6.1.9

销售上/下阈值则为年均销量与销售方差之和/差。

销售上阈值 = [年均销量]+[销售方差 P]

销售下阈值 = [年均销量]-[销售方差 P]

彼得点评：解决此问题的关键是聚合后的表计算。在 Tableau 中是通过特有的表计算函数——WINDOW_AVG 和 WINDOW_STDEV 完成的。在 Power BI 中并没有相应的表计算功能，但可以通过强大的 SUMMARIZE COLUMNS 函数生成依据表，然后在此基础上继续分析。Power BI 在图表可视化效果方面不如 Tableau 生动。

6.2 第 14 招：差异分析

商业场景：在商业分析中，经常需要通过排名展示出最热卖的产品或产品子类。使用简单的排名分析无法展示出产品品类（或子类）之间的销售额差异。例如，销售额排名第一的书架类产品与销售额排名第三的椅子类产品的销售额相差多少？解决此类问题需要分析产品品类之间的销售额差异。本节案例的目的在于动态对比产品子类之间的销售额差异。分析师可根据任何产品子类的销售额横向对比其他子类的销售额。

可视化实现：组合条状图。水平方向伸展的条状图更有利于对比产品子类别的销售额，通过设置色阶，可令可视化结果更加易于理解。本节案例的效果如图 6.2.1 所示。

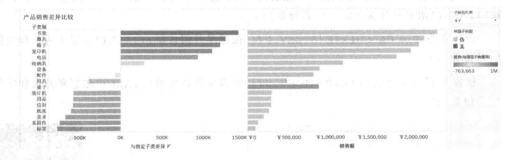

图 6.2.1

解题思路：

（1）计算所选产品的销售额。

（2）计算所有产品子类的销售额。

（3）计算销售差额，公式为：销售差额=所选产品销售额-产品子类的销售额。

6.2.1 在 Tableau 中的实现步骤

在 Tableau 中打开数据文件。因为后面需要对字符串进行运算，所以此处需要创建参数，通过参数传递字符串值。用鼠标右击【子类别】字段，在弹出的快捷菜单中选择【创建】→【参数】命令。在打开的对话框中创建一个参数【子类别列表】，具体设置如图 6.2.2 所示。

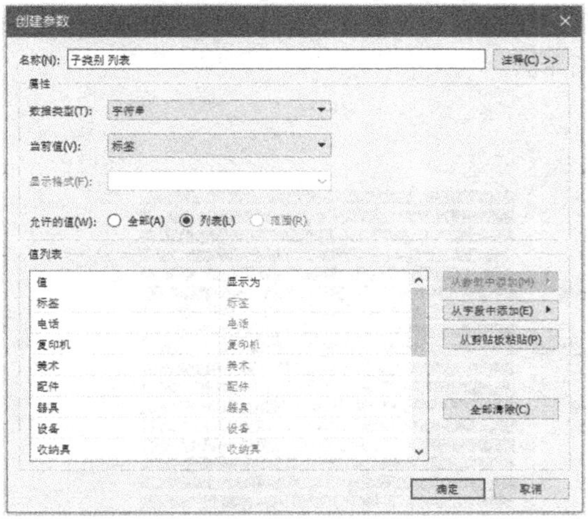

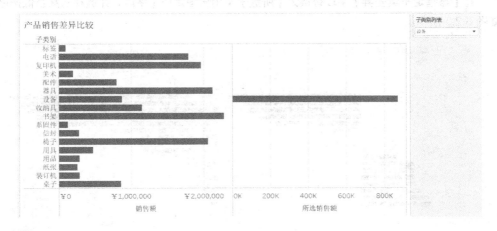

图 6.2.2

接下来创建一个计算字段【所选销售额】，用于将选择的参数值传递给计算字段做进一步的运算（此方式为 Tableau 的典型相关值计算方式），其公式为：

IF [子类别 列表] = [子类别] THEN [销售额] ELSE 0 END

将创建好的【销售额】与【所选销售额】字段放入【列】中。将【子类别】列表添加至表中，当设置不同的参数值时，【所选销售额】字段也随之变动，结果如图 6.2.3 所示。

图 6.2.3

下一步，创建一个计算字段【所选子类销售恒定值】，用于筛选能忽略的产品子类别。其公式为：

{ EXCLUDE[子类别] : SUM([所选销售额]) }

将原先的【所选销售额】字段替换为【所选子类销售恒定值】字段，可以发现显示的销售额不受产品子类的影响，如图 6.2.4 所示。

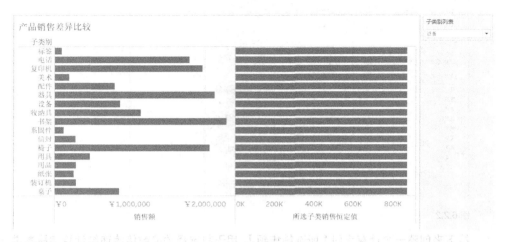

图 6.2.4

在此基础上，我们利用该字段与正常子类的销售额进行比较，创建计算字段【与指定子类差异】，其公式为：

与指定子类差异=SUM([销售额])-SUM([所选子类销售恒定值])

将【与指定子类差异】字段替换为【所选子类销售恒定值】字段，并选择从高至低排序，如图 6.2.5 所示。

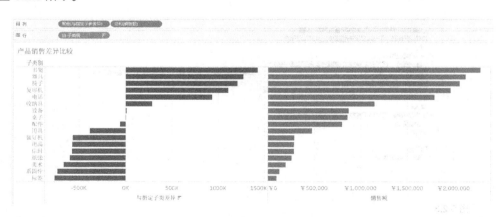

图 6.2.5

创建以下计算字段用于区分所选子类别柱形的颜色，该公式返回布尔值：

所选子类别 ＝ [子类别]=[子类别列表]

将【与指定子类差异】字段放入【与指定子类差异】字段对应的标记下的【颜色】卡中，将【所选子类别】字段放入【销售额】字段对应的标记下的【颜色】卡中，如图 6.2.6 所示。

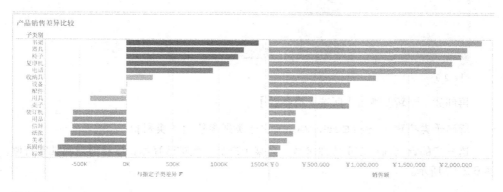

图 6.2.6

单击标签卡中的【工具提示】选项，在打开的对话框中修改其中显示的内容，如图 6.2.7 所示。当鼠标光标悬停在相关矩形上的时候，会动态出现该子类的销售额差值。

值得一提的是，需要将【与指定子类差异】字段再次添加到【详细信息】卡中，否则系统提示信息无法正确显示，如图 6.2.8 所示。

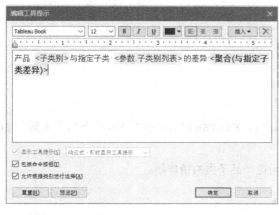

图 6.2.7

图 6.2.8

6.2.2 在 Power BI 中的实现步骤

在 Power BI 中打开数据文件。创建一张参数表，选择【新表】选项，然后输入公式：

子类别参数 = VALUES ('订单表' [子类别])

参数表不需要与其他表创建关联，如图 6.2.9 所示。

第 6 章 差异分析

图 6.2.9

再创建一个新度量值【所选子类参数】:

所选子类参数 ＝ SELECTEDVALUE（'子类别参数'[子类别]）

这一步的意义同样在于传递参数。当某个产品子类被选择后，度量值返回其字符值，如图 6.2.10 所示。

图 6.2.10

创建【所选销售】度量值，公式为:

所选销售 ＝ CALCULATE（[销售求和]，FILTER（'订单表'，'订单表'[子类别]=[所选子类]））

在此公式中，FILTER 语句仅返回所选产品子类的销售额。

接着创建【所选销售】度量值:

所选销售 ＝ CALCULATE（[销售求和]，FILTER（'订单表'，'订单表'[子类别]=[所选子类]））

所选子类销售恒定值 ＝ CALCULATE（[所选销售]，ALL（'订单表'[子类别]））

与指定子类差异＝ [销售求和] － [所选子类销售恒定值]

在以上公式中，ALL（'订单表'[子类别]）表达式排除了筛选上下文对【子类别】度量值的作用，类似于 LOD 语句中 EXCLUDE 函数的作用。

创建一个表图，先将订单表中的【子类别】度量值放入其中，再依次添加其他度量值，观察公式返回值的差异，如图 6.2.11 所示。

子类别	所选子类销售恒定值	所选销售	销售求和	与指定子类差异
书架	475,234.00		2,284,008.00	1,808,774.00
器具	475,234.00		2,128,368.00	1,653,134.00
椅子	475,234.00		2,064,436.00	1,589,202.00
复印机	475,234.00		1,966,034.00	1,490,800.00
电话	475,234.00		1,793,371.00	1,318,137.00
收纳具	475,234.00		1,147,743.00	672,509.00
设备	475,234.00		871,999.00	396,765.00
桌子	475,234.00		860,371.00	385,137.00
配件	475,234.00		799,540.00	324,306.00
用具	475,234.00	475,234.00	475,234.00	0.00
装订机	475,234.00		290,840.00	-184,394.00
用品	475,234.00		287,109.00	-188,125.00
信封	475,234.00		285,443.00	-189,791.00
纸张	475,234.00		260,782.00	-214,452.00
美术	475,234.00		195,896.00	-279,338.00
系固件	475,234.00		127,847.00	-347,387.00
标签	475,234.00		96,724.00	-378,510.00
总计	475,234.00	475,234.00	15,935,745.00	15,460,511.00

子类别
☐ 标签
☐ 电话
☐ 复印机
☐ 美术
☐ 配件
☐ 器具
☐ 设备
☐ 收纳具
☐ 书架
☐ 系固件
☐ 信封
☐ 椅子
☑ 用具
☐ 用品
☐ 纸张
☐ 装订机

图 6.2.11

分别创建两个条状图，一个用于呈现所选产品子类的销售额，另一个用于呈现产品子类之间的销售额差异，详情参考 Tableau 图表。

创建【所选子类】度量值，通过配置【数据颜色】区分所选产品子类，如图 6.2.12 所示。

所选子类 = IF([所选子类参数] =SELECTEDVALUE('订单表'[子类别]) ,1, 0)

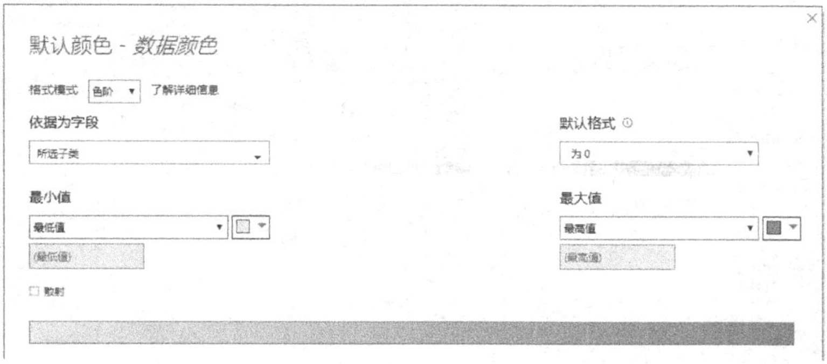

图 6.2.12

最终得到的结果如图 6.2.13 所示。

彼得点评：需要留意的是，在 Power BI 中，这里没有创建真正的产品子类维度表，而是直接使用了【订单】表中的维度。从技术上而言，此种方法也能得出正确的分析结果，但不是最佳的设计方案。正确的方法应该考虑将 FILTER 度量值设立在维度表之上，而非设立在事实表之上。对于海量级数据库，DAX 的设计会对计算机的计算性能带来非常直观的影响。

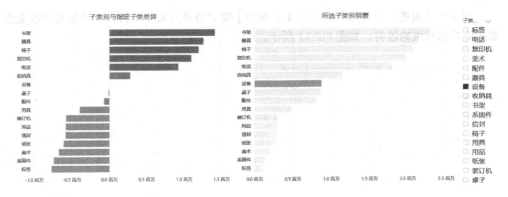

图 6.2.13

6.3 第 15 招：总体与个体分析

商业场景： 如果仅单纯观察总体事实利润与目标利润的差异，则无法了解具体某个产品的利润情况。使用条形图和柱形图的组合，可以对总体事实利润与每个产品的利润进行分析。例如，在图 6.3.1 中，左侧的条形图显示了各地区的总体事实利润与目标利润的差异，右侧的条形图显示各地区的产品利润达标率。例如，江西省总体事实利润是 ¥1117.00，排名靠前。但其产品利润达标率却只有 40.00%。而下方的柱形图显示了每个产品的利润的详细信息，对于在售的 10 个产品，仅有 4 个产品有利润，其余为亏损，从而可以让分析师洞察产品的利润情况。

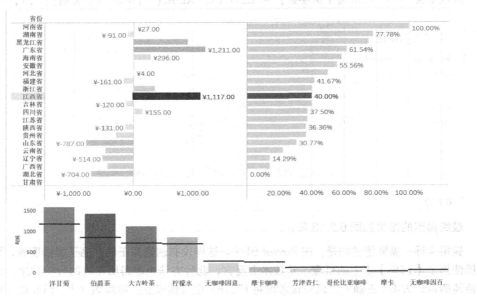

图 6.3.1

可视化实现：条形图和柱形图组合。条形图有利于横向对比各地区的总体事实利润和利润达标率，而柱形图则有利于横向呈现每个产品的利润情况。

解题思路：

（1）可视化呈现总体事实利润与目标利润的差异。

（2）计算高于目标利润的产品。

（3）组合图表。

6.3.1 在 Tableau 中的实现步骤

在 Tableau 中打开数据文件。在数据文件中已有【事实利润与利润预测之差】字段可供直接使用，如图 6.3.2 所示。

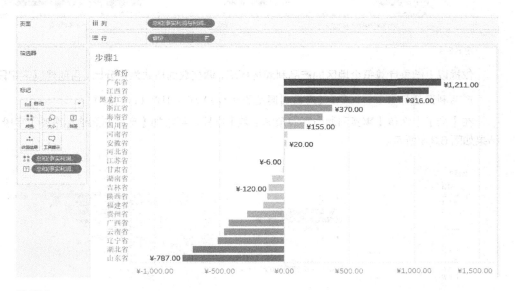

图 6.3.2

创建以下计算字段，用于计算产品级别的事实利润与目标利润之差，以及利润达标的产品个数。对于利润达标的产品，【产品利润是否达标】字段返回 1，否则返回 0。

产品级别事实利润与目标利润之差= ﹛ INCLUDE ［产品］ ：SUM（［事实利润与利润预测之差］）﹜

产品利润是否达标 = IIF（［产品级别事实利润与目标利润之差］>0,1,0）

将【产品利润是否达标】与【产品】字段（转换为不同计数）放入【列】中，调整各自对应的【标签】内容，使其正确显示个数，如图 6.3.3 所示。

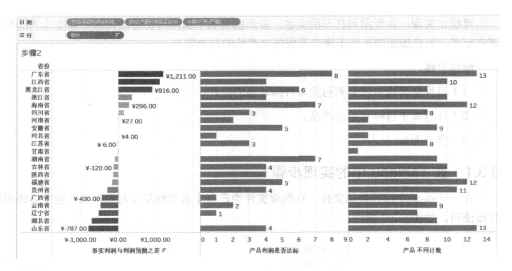

图 6.3.3

依据以上结果计算每个地区的产品利润达标率，调整数据格式为百分比。再创建以下字段：

产品利润达标率% = SUM([产品利润是否达标])/COUNTD([产品])

在【列】中保留【事实利润与利润预测之差】字段，再添加【产品利润达标率%】字段，结果如图 6.3.4 所示。

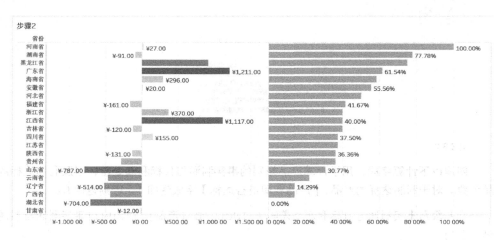

图 6.3.4

另外创建一个工作表，用于显示产品的利润值，并设置不同的颜色用于区分产品是否达标。先将【目标利润】字段放入【详细信息】卡中（供参考线使用），用鼠标右击 Y 轴，在弹出的快捷菜单中选择【添加参考线、参考区间或框】命令。在打开的对话框中添加目标利润参考线，如图 6.3.5 所示。

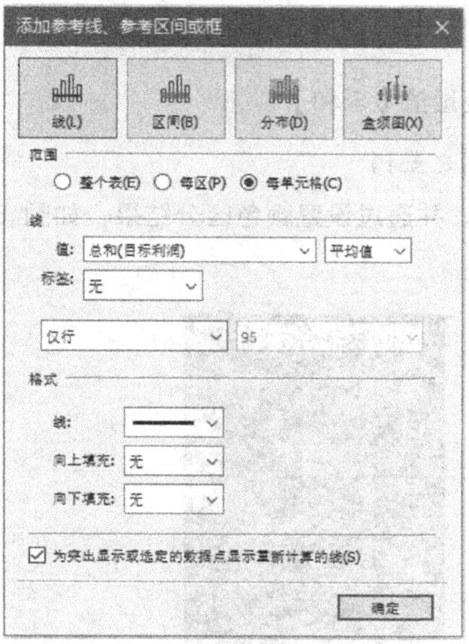

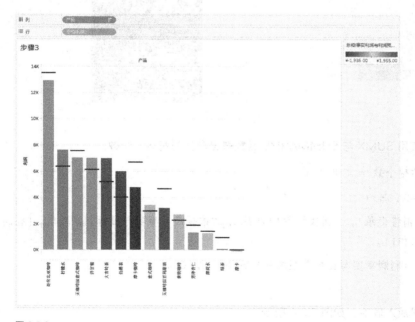

图 6.3.5

将【产品】字段放入【列】中，将【利润】字段放入【行】中，如图 6.3.6 所示。最后创建仪表盘，将两张工作表置入其中，激活筛选设置，使其可以相互筛选，最终结果如图 6.3.1所示。

图 6.3.6

6.3.2 在 Power BI 中的实现步骤

在 Power BI 中打开数据文件，然后创建显性度量值【求和】:

求和 = SUM('销售记录'[事实利润与利润预测之差])

再创建表示事实利润与利润预测之差的条形图，并通过设置颜色区分结果，如图 6.3.7
所示。

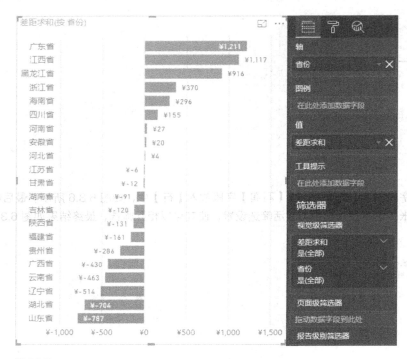

图 6.3.7

此处，可使用 SUMX 与 SUMMARIZE 函数得出产品利润达标个数。

产品利润达标个数 = SUMX (

    SUMMARIZE (

        '销售记录', '销售记录'[产品], "依据产品事实与目标利润差", [利润事
实与目标差距求和]),

    IF ([利润事实与目标差距求和] > 0, 1, 0)

)

将相关字段放入表中，如图 6.3.8 所示。

省份	利润事实与目标差距求和 ▼	产品利润达标个数	产品 的计数
广东省	¥1,211	8	13
江西省	¥1,117	4	10
黑龙江省	¥916	6	8
浙江省	¥370	4	10
海南省	¥296	7	12
四川省	¥155	3	8
河南省	¥27	2	2
安徽省	¥20	5	9
河北省	¥4	1	2
江苏省	¥-6	3	8
甘肃省	¥-12	0	1
湖南省	¥-91	7	9
吉林省	¥-120	4	10
陕西省	¥-131	4	11
福建省	¥-161	5	12
贵州省	¥-286	4	11
广西省	¥-430	1	7
云南省	¥-463	2	9
辽宁省	¥-514	1	7
湖北省	¥-704	0	9
山东省	¥-787	4	13
总计	¥411	6	14

图 6.3.8

照猫画虎，创建如下度量值计算利润达标产品比例：

利润达标产品比例% = [产品利润达标个数]/DISTINCTCOUNT([产品])

添加一个新折线柱形图，将【省份】、【利润事实与目标差距求和】和【利润达标产品比例%】度量值分别放入【共享轴】、【列值】和【行值】中，如图 6.3.9 所示。

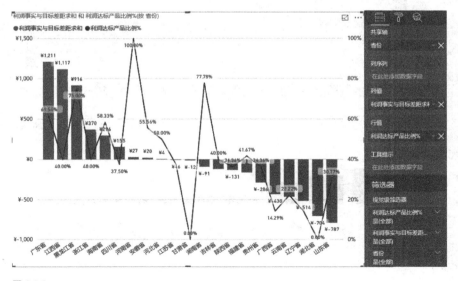

图 6.3.9

第 6 章 差异分析

131

再创建一个折线柱形图，用于对比利润（事实利润）与目标利润，如图 6.3.10 所示。

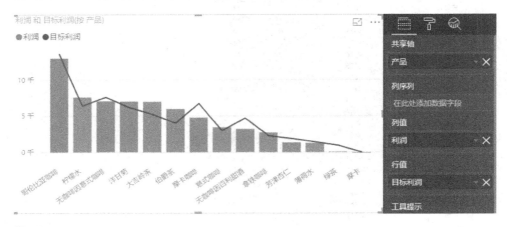

图 6.3.10

最后，将两张表图拼接在一起。将【编辑交互】选项改为筛选器模式，完成后的结果如图 6.3.11 所示。

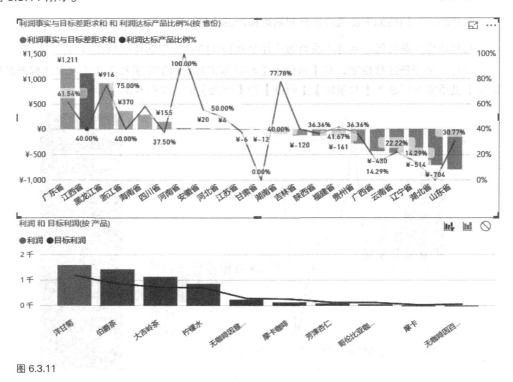

图 6.3.11

6.4　第 16 招：单值与平均值差异分析

商业场景：单值与单值的比较具有很大的偶然性，而单值与一定范围内的平均值的比较，更有助于分析师理解单值的相对位置。例如，在图 6.4.1 中，2018 年 12 月 24 日某公司的股票价格为 146.8 美元/股。而该股票在这个月的平均价格为 220.8 美元/股，价格差异比为–33.51%。此种比较说明股票在这个月的平均价格远高于 12 月 24 日的价格。

可视化实现：折线图与区域图组合图。折线图用于显示股票价格走势，区域图则用于显示单值与一定范围内的平均值的差异趋势。

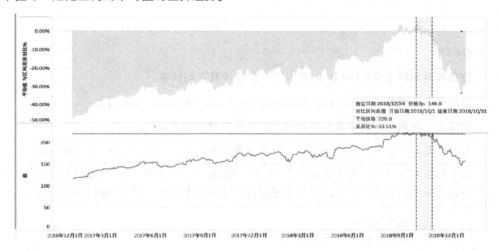

图 6.4.1

解题思路：

（1）创建所需要的日期参数 【开始日期】和【结束日期】。

（2）得出日期区间内的股票平均价格。

（3）通过百分比计算公式，求出指定单日股票价格与日期区间内股票平均价格的差异比。

6.4.1　在 Tableau 中的实现步骤

在 Tableau 中打开数据文件。用鼠标右击参数区，在弹出的快捷菜单中选择【创建参数】命令，在弹出的对话框中创建一对日期参数（【开始日期】和【结束日期】），如图 6.4.2 所示。

另外需要注意的是，数据文件中的【日期】字段是带有时间部分的，而在此案例中筛选单位为【日】，因此，我们要对其进行进一步的处理。创建【日期】字段：

日期 = MAKEDATE(YEAR([Date]),MONTH([Date]),DAY([Date]))

然后创建以下字段，依据参数值显示所选区间的股票价格。

所选区间价格 = IF [日期]>= [开始日期] and [日期]<= [结束日期] THEN [close]
END

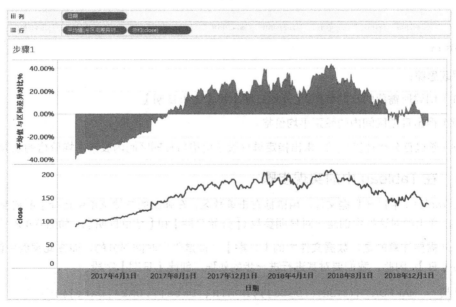

图 6.4.2

依据股票名称【Symbol】，创建以下度量值计算平均价格：

所选股票平均价格={FIXED [Symbol]：AVG([所选区间价格])}

创建以下度量值计算单值与所选范围内的平均值的差异比：

与区间差异对比%= ([close] - [所选股票平均价格])/[所选股票平均价格]

将【与区间差异对比%】字段和【close】字段放入【行】中，将【日期】字段放入【列】中，再将【平均值与区间差异对比%】图形设为【区域】图形，结果如图 6.4.3 所示。

图 6.4.3

将【所选股票平均价格】字段拖入折线图中，结果如图 6.4.4 所示。

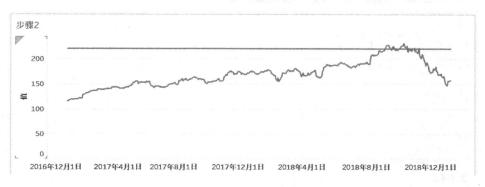

图 6.4.4

用鼠标右击 X 轴，在弹出的快捷菜单中选择【添加参考区间】命令。在弹出的对话框中为其添加参考区间，并设置区间开始日期和区间结束日期，如图 6.4.5 所示。

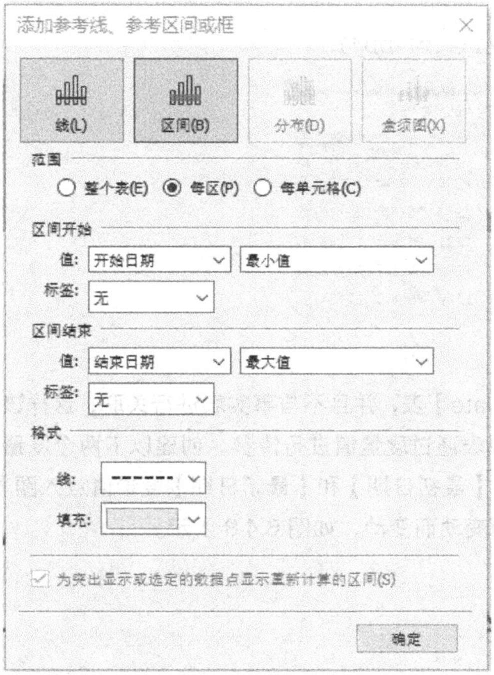

图 6.4.5

单击【工具提示】按钮 🗨️工具提示，依据图 6.4.6 所示的文字调整工具提示内容。切记其中涉及的值需要在【标记】卡内修改。修改完毕后，结果如图 6.4.1 所示。

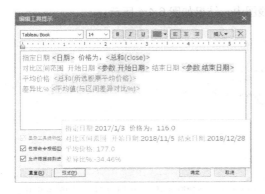

图 6.4.6

6.4.2 在 Power BI 中的实现步骤

在 Power BI 中打开数据文件。隐藏原有的【Date】字段，创建新字段【日期】，去除日期中的时间部分（见图 6.4.7）：

日期 = FORMAT('股票'[Date],"YYYY-MM-DD")

Symbol	Date	close	Index	日期
MSFT	2018/12/31 14:30:00	101.57	1223	2018年12月31日
MSFT	2018/12/28 14:30:00	100.39	1222	2018年12月28日
MSFT	2018/12/27 14:30:00	101.18	1221	2018年12月27日
MSFT	2018/12/26 14:30:00	100.56	1220	2018年12月26日
MSFT	2018/12/24 14:30:00	94.13	1219	2018年12月24日

图 6.4.7

之后用 CALENDARAUTO 函数创建【Date】表，并且不与事实表进行关联，这样该表就成为一张独立的参数表。后面将利用该参数表通过度量值进行传参。创建以下两个度量值用于传参，将【日期】字段放入筛选器中，将【最初日期】和【最新日期】度量值放入图表中。请留意，图表中的值会随着筛选器中的值的变动而变动，如图 6.4.8 所示。

最初日期 = MIN('Date'[Date])

最新日期 = MAX('Date'[Date])

接下来创建以下两个度量值：

平均价格 = AVERAGE('股票'[close])

所选日期范围平均价格 = CALCULATE([平均价格], DATESBETWEEN('股票'[日

期],[最初日期],[最新日期]))

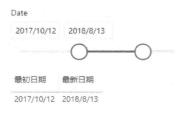

图 6.4.8

将以上两个度量值放入折线图的【值】中，将【日期】度量值放入【轴】中，如图 6.4.9
所示。

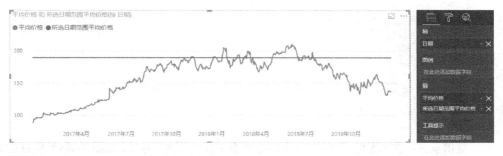

图 6.4.9

再创建以下度量值：

与区间差异对比% =（[平均价格]-[所选日期范围平均价格]）/[所选日期范围平均价格]

选择【分区图】，将【与区间差异对比%】度量值放入【值】中，将【日期】度量值放入
【轴】中，如图 6.4.10 所示。

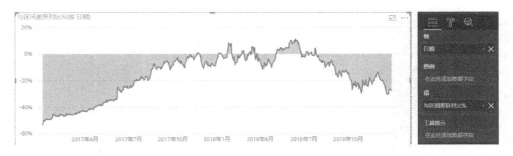

图 6.4.10

结果如图 6.4.11 所示。

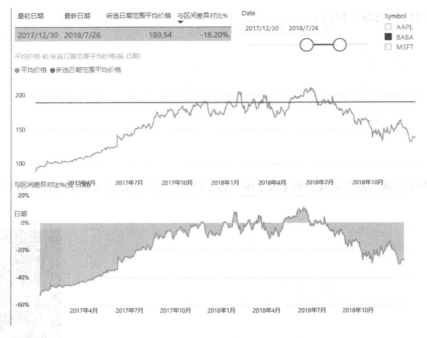

最初日期	最新日期	所选日期范围平均价格	与区间差异对比%		Date				Symbol
2017/12/30	2018/7/26	189.54	-16.20%		2017/12/30		2018/7/26		☐ AAPL
									☑ BABA
									☐ MSFT

平均价格 和 所选日期范围平均价格(按 日期)
● 平均价格 ● 所选日期范围平均价格

与区间差异对比%(按 日期)

日期

图 6.4.11

彼得点评: 在本案例中展示了 Tableau 的参考区间功能。在 Tableau 中通过 IF THEN 语句和 FIXED 函数的组合,得到股票价格的平均值。而对于 Power BI,虽然可以用 CALCULATE 和 DATESBETWEEN 函数的组合直接得出股票价格的平均值,但是无法生成一个区间。

第 7 章
分布分析

分布分析用于展现同一维度下不同个体的分布情况。例如，散点图、直方图就是分布分析的普遍应用。本章内容涵盖次数分布分析、时间分布分析、合计百分比分布分析等案例。

7.1 第 17 招：次数分布分析

商业场景：本节案例为分析客户购买次数分布，主要目的在于找出一段时间范围内客户购买的规律。图 7.1.1 所示为依据客户 ID 统计客户购买次数的分布情况。结果呈现正态分布，即大部分客户的购买次数为 5~7 次，分析师可进一步分析这组客户的用户特征，获取更有价值的洞察。

可视化实现：柱形图。柱形图有利于呈现客户购买次数的分布情况。

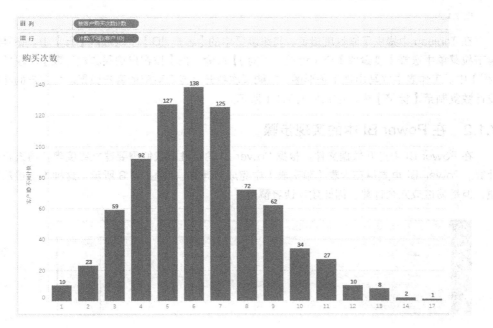

图 7.1.1

解题思路：

（1）依据【客户 ID】字段，计算订单数量。

（2）依据步骤 1 中生成的派生维【客户 ID】，对客户 ID 进行不重复计数（每个客户 ID 只进行一次计数）。

7.1.1 在 Tableau 中的实现步骤

在 Tableau 中打开数据文件。先依据【客户 ID】字段，对客户购买次数进行非重复计数。需要提醒的是，必须使用非重复计数，避免统计重复的订单。创建以下字段：

按客户购买次数计数={fixed [客户 ID]:COUNTD([订单 ID]) }

完成后，用鼠标右击该字段，在弹出的快捷菜单中选择【转换为维度】命令，如图 7.1.2 所示。这样该字段就被转换成了派生维，并将出现在维度区中。

图 7.1.2

在 Tableau 中提供了隐性度量值，将维度区中的【客户 ID】字段放入【行】中，在其胶囊下拉菜单中选择【度量值】→【计数（不同）】命令。把【按客户购买次数计数】字段放入【列】中。工作表中立马出现了条形图，按购买次数升序显示对应的客户数量。将客户的非重复计数复制至【标签】中，结果如图 7.1.1 所示。

7.1.2 在 Power BI 中的实现步骤

在 Power BI 中打开数据文件。根据 Power BI 的特性，我们需要建立维度表，再进行行计算。Power BI 也支持在大表（事实表）中完成行计算，如图 7.1.3 所示，这种方法虽然方便，但是易造成冗余计算，因此建议读者慎用。

Postal Code	Order Date	Ship Date	Profit	Quantity ordered new	Sales	Order ID	购买次数
84043	2010年9月30日	2010年10月1日	15.66	23	71.55	90432	6
84043	2013年12月9日	2013年12月10日	-233.29488	6	2443.57	90436	6
84043	2010年8月20日	2010年8月21日	-115.01424	2	147.55	90436	6
84043	2013年12月9日	2013年12月10日	2482.3647	22	3597.63	90436	6
84043	2013年12月9日	2013年12月10日	-93.03168	20	142.35	90436	6
84043	2010年1月10日	2010年1月11日	-105.6852	4	28.2	90431	6

公式栏：购买次数 = SUMX(FILTER(Orders,EARLIER(Orders[Customer ID])=[Customer ID]),1)

图 7.1.3

更为合理的方法是建立新维度表：选择【建模】→【新表】命令，再输入以下公式（见图 7.1.4）：

客户表=VALUES('订单'[客户 ID]) //返回以客户 ID 为唯一值的一张表

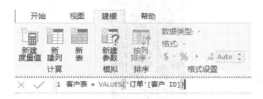

图 7.1.4

这张【客户表】维度表是基于事实表创建的，是完全存在内存中的计算表。下面建立维度表与事实表之间的关联，如图 7.1.5 所示，连接客户表中的【客户 ID】和订单表中的【客户 ID】。

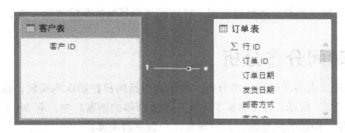

图 7.1.5

建立以下度量值：

客户不重复计数 = DISTINCTCOUNT('客户表'[客户 ID])//度量值

购买次数 = CALCULATE(DISTINCTCOUNT('订单'[订单 ID])) //计算列

在【购买次数】度量值中用到了 CALCULATE 语句，用于进行行上下文转换，计算出每位客户的购买次数，如图 7.1.6 所示。

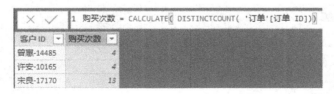

图 7.1.6

回到报表界面中，选择柱形图，将【购买次数】字段和【客户不重复计数】字段分别放入【轴】和【值】中，适当调整格式。得出的分析结果如图 7.1.7 所示。

第 7 章 分布分析

141

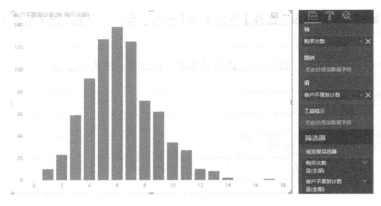

图 7.1.7

彼得点评：在本节案例中使用的图表为柱形图，横坐标轴的单位为次数。读者可以利用在前文中学习的【组】功能，设置箱体大小，如以 3 次为箱体大小。另外，展示箱体分布用直方图效果更佳。直方图的坐标轴的单位为数值范围，柱形图的坐标轴的单位为单个值。

7.2　第 18 招：时间分布分析

商业场景：本节案例客户二次购买时间分布分析，用于分析新用户在初次购买后，会在多久发生第二次购买。如图 7.2.1 所示，在 2015 年的第 2 季度获得的新客户中，有 38 人在 1 个季度后会进行第二次购买，矩形的颜色越深，意味着客户数量越密集。

通过分析客户二次购买的时间分布规律，可以为不同客户群提供不同的销售策略，以减少流失客户的可能性。

可视化实现：矩阵图（Matrix）。与表格不同的是，矩阵图的横坐标轴和纵坐标轴都可被设置为维度，横坐标和纵坐标交叉处为矩阵点，可用颜色进行标记，如图 7.2.1 所示。

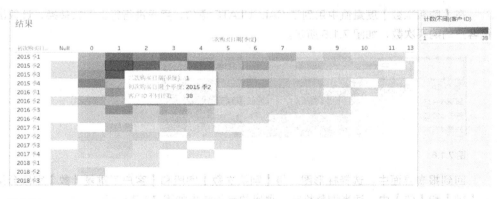

图 7.2.1

解题思路：

（1）求出客户的最初购买日期。

（2）求出客户的二次购买日期。

（3）求出二者之间的日期差，并作为 X 轴，将用户初次购买日期作为 Y 轴，统计客户人数。

7.2.1 在 Tableau 中的实现步骤

在 Tableau 中打开数据文件。

前文已经介绍过如何按客户 ID 求出客户初次购买日期，这里不再赘述，具体公式如下。

初次购买日期={ FIXED [客户 ID]:MIN([订单日期]) }

接下来，创建一个判断字段【重复购买日期】，判断客户初次购买日期是否属于重复购买，若不属于重复购买，则其值显示为空（Null），如图 7.2.2 所示。

重复购买日期=IIF([订单日期]>[初次购买日期],[订单日期],NULL)

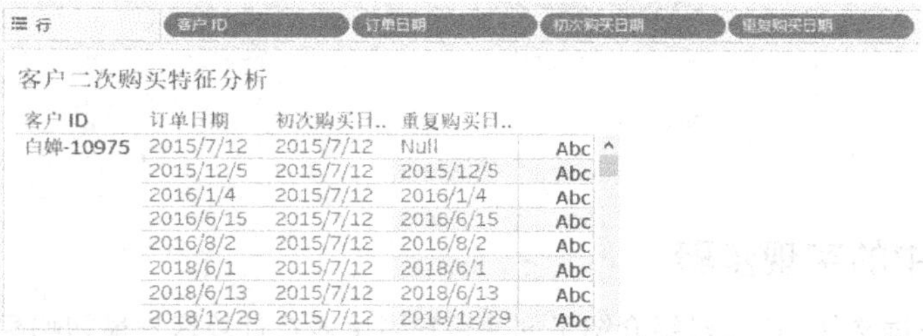

图 7.2.2

在【重复购买日期】字段的基础上，利用 MIN 函数，求得客户最接近首次购买日期的重复购买日期，即第二次购买日期，如图 7.2.3 所示。

第二次购买日期 = { FIXED [客户 ID]:MIN([重复购买日期]) }

图 7.2.3

通过 DATEDIFF 函数得出以季度为单位的客户两次购买时间的差值，结果如图 7.2.4 所示。

二次购买日期(季度)= DATEDIFF('quarter',[初次购买日期],[第二次购买日期])

客户 ID	订单日期	初次购买日..	重复购买日..	第二次购买日期	
白鹄-14050	2017/11/4	2015/6/30	2017/11/4	2015/8/20	1
	2018/7/2	2015/6/30	2018/7/2	2015/8/20	1
	2018/10/2	2015/6/30	2018/10/2	2015/8/20	1
	2018/12/24	2015/6/30	2018/12/24	2015/8/20	1
白欢-14245	2016/8/4	2016/8/4	Null	2017/5/21	3
	2017/5/21	2016/8/4	2017/5/21	2017/5/21	3
	2017/10/3	2016/8/4	2017/10/3	2017/5/21	3
	2018/5/5	2016/8/4	2018/5/5	2017/5/21	3
	2018/5/23	2016/8/4	2018/5/23	2017/5/21	3
	2018/9/15	2016/8/4	2018/9/15	2017/5/21	3

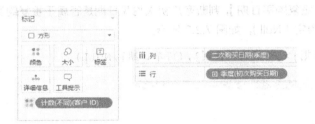

图 7.2.4

设置列、行和标记卡，如图 7.2.5 所示，得出的结果如图 7.2.1 所示。

图 7.2.5

7.2.2 在 Power BI 中的实现步骤

在 Power BI 中打开数据文件。前文已经介绍了创建客户维度表及计算客户最初购买日期的方法，在此不再赘述，公式如下。

```
客户计数不重复 = DISTINCTCOUNT('客户表'[客户 ID])
最初购买日期 = CALCULATE( MIN('订单'[订单日期]))
```

本案例的核心在于计算客户的第二次购买日期，相对于在 Tableau 中创建用于判断是否是重复购买的字段【重复购买日期】，以及计算第二次购买日期的计算字段【第二次购买日期】，DAX 语句的表达式则更为简洁，只需要通过 CALCULATE、MINX、EXCEPT 和 VALUES 四个函数嵌套即可完成。

```
第二次购买日期 =
CALCULATE(
    MINX(
EXCEPT(  VALUES('订单'[订单日期]), VALUES('客户表'[最初购买日期])),
[订单日期])
)
```

在上面的公式中有两张表：右侧的【订单日期】表（表 A）和左侧的【最初购买日期】表（表 B），这里使用 EXCEPT 函数从表 A 中去除表 B，也就是排除了【最初购买日期】表。

在得到客户的第二次购买日期以后，计算两次购买的日期差。在 DAX 中计算日期差的函数也是 DATEDIFF。

二次购买日期 (季度) = DATEDIFF([最初购买日期],[第二次购买日期],QUARTER)

在 Power BI 的视觉库中，选择矩阵图并设置相应的字段，然后在【格式】栏中调整【条件格式】，如图 7.2.6 所示。最终完成后的结果如图 7.2.7 所示。

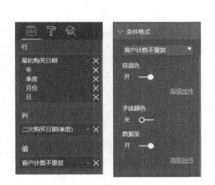

图 7.2.6

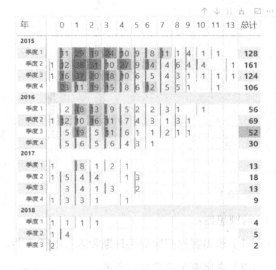

图 7.2.7

彼得点评：矩阵图并不是 Tableau 中默认的图形。读者需要理解 Tableau 的构图原理，才能得心应手地创建 Tableau 矩阵图。而 Power BI 中的矩阵图是其内置的可视化图形，使用更加便捷。本案例在 Tableau 中实现时，是利用嵌套 LOD 函数得出二次购买日期的；在 Power BI 中实现时，则是利用 CALCULATE、MINX 和 EXCEPT 函数的组合得出相应结果的。

7.3 第 19 招：合计百分比分布分析

商业场景：本节案例为 7.1 节的案例的延伸。分析客户购买次数，仅仅是客户分析的开始。在实际中仍然需要继续细化分析，例如得出不同购买次数的客户数在总客户数中的占比。

如图 7.3.1 所示，这里统计了客户的购买平均次数（比如统计平均每季度购买一次的客户数，平均每两季度购买一次的客户数等），并计算出相应的客户数在总客户数中的占比。

可视化实现：柱形图。柱形图适合横向呈现客户平均购买次数的分布状态，如图 7.3.1 所示。

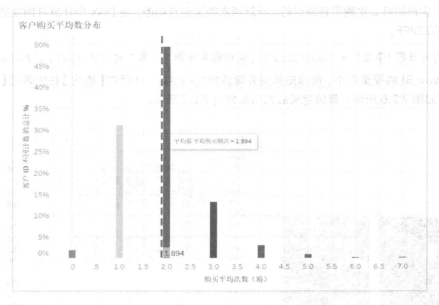

图 7.3.1

解题思路：

（1）求出客户初次购买日期和末次购买日期。

（2）求出两个日期的时间差。

（3）求出客户总共的购买次数。

（4）计算购买时间差/购买次数，并取结果的整数部分（四舍五入）。

（5）计算购买平均次数相同的客户数。

7.3.1 在 Tableau 中的实现步骤

在 Tableau 中打开数据文件。关于客户的初次购买日期、末次购买日期及二者的时间差（以季度为单位）的公式，在前文中多次介绍了，此处不再赘述。具体公式如下。

初次购买日期={FIXED [客户 ID]:MIN([订单日期])}

末次购买日期={FIXED [客户 ID]:MAX([订单日期])}

客户购买次数的计算也不复杂，通过简单的 FIXED 函数即可解决。

按客户购买次数计数= {FIXED [客户 ID]:COUNTD([订单 ID]) }

接着计算客户的购买平均次数，公式如下：

客户成长期（季度）= DATEDIFF("quarter", [初次购买日期],[末次购买日期])

购买平均次数= [客户成长期（季度）]/ [按客户购买次数计数]

购买平均次数(箱)= ROUND([客户成长期（季度）]/ [按客户购买次数计数])

在上述公式中，客户的【购买平均次数】与【购买平均次数（箱）】字段相似，但它们各有不同的用途。将【购买平均次数（箱）】字段放在标签卡的【列】中，将【客户 ID】字段放在【行】中，得到柱形图。在【客户 ID】字段的胶囊下拉列表中选择【合计百分比】选项，算出各箱（Bin）在总数中的占比，如图 7.3.2 所示。

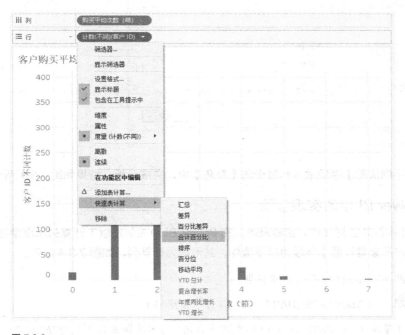

图 7.3.2

最后，添加一条参考线，表示全体客户的购买频次与平均值之差，此处，在【全体平均购买频次】字段中使用 EXCLUDE 函数统计所有客户的购买频次。

全体平均购买频次= {EXCLUDE [购买平均次数（箱）]：AVG([购买平均次数])}

与平均值差= [购买平均次数（箱）]-[购买平均次数]

用鼠标右击 X 轴，在弹出的快捷菜单中选择【添加参考线】命令。在弹出的对话框中为柱形图添加参考线，如图 7.3.3 所示（注意，要将【全体平均购买频次】字段放入【详细信息】中供参考及设置使用）。

图 7.3.3

最后将【与平均值差】字段放入标签卡的【颜色】中，完成分析，结果如图 7.3.1 所示。

7.3.2 在 Power BI 中的实现步骤

在 Power BI 中打开数据文件。照猫画虎，在 Power BI 中先创建以下计算列和度量值。以下公式除【客户不重复计数】字段为度量值外，其他都为计算列，如图 7.3.4 所示。

初次购买日期 = MIN('订单'[订单日期])

末次购买日期 = CALCULATE(MAX('订单'[订单日期]))

客户成长期（季度） = DATEDIFF([初次购买日期],[末次购买日期],QUARTER)

购买次数 = CALCULATE(DISTINCTCOUNT('订单'[订单 ID]))

购买平均次数(箱) = ROUND('客户表'[客户成长期（季度）]/[购买次数],0)

购买平均次数 = '客户表'[客户成长期（季度）]/[购买次数]

客户不重复计数 = DISTINCTCOUNT('客户表'[客户 ID])

选择柱形图并设置参数，如图 7.3.5 所示。注意：在【值】栏的下拉菜单中选择【将值显示为】→【占总计的百分比】选项，可以得出合计百分比结果。打开【数据标签】，使显示效果更加美观。

$\times \quad \checkmark \quad 1 \quad$ 购买平均次数(箱) = ROUND('客户表'[用户成长期 (季度)]/[购买次数],0)

客户 ID	购买次数	初次购买日期	末次购买日期	客户成长期 (季度)	购买平均次数(箱)
曾惠-14485	4	2015/11/17 0:00:00	2018/5/8 0:00:00	10	3
许安-10165	4	2016/11/7 0:00:00	2018/12/4 0:00:00	8	2
宋良-17170	13	2015/9/30 0:00:00	2018/12/25 0:00:00	13	1
万兰-15730	8	2015/11/16 0:00:00	2018/10/13 0:00:00	12	2
俞明-18325	5	2016/6/14 0:00:00	2017/10/9 0:00:00	6	1
谢雯-21700	7	2015/5/10 0:00:00	2018/11/6 0:00:00	14	2

图 7.3.4

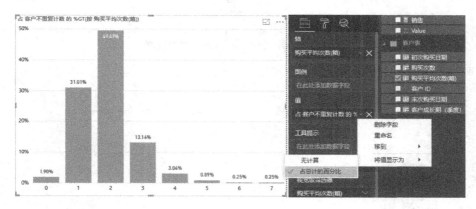

图 7.3.5

仍然创建一个显性总百分比度量值,用于后面设置色阶:

然后继续创建【全体购买平均次数】和【与平均值差】度量值:

全体购买平均次数 = AVERAGEX(ALLSELECTED('客户表'), [购买次数])

与平均值差 = AVERAGE('客户表'[购买平均次数(箱)]) - [全体购买平均次数]

Power BI 中的均线有一些局限,无法像 Tableau 一样可以直接显示【全体购买平均次数】结果,折中的方法是创建额外的表格展现其结果,如图 7.3.6 所示。

购买平均次数(箱)	与平均值差	占 客户不重复计数 的 %GT
0	-1.89	1.90%
1	-0.89	31.01%
2	0.11	49.49%
3	1.11	13.16%
4	2.11	3.04%
5	3.11	0.89%
6	4.11	0.25%
7	5.11	0.25%
总计	0.00	100.00%

图 7.3.6

通过调整柱形图的【数据颜色】属性，将【依据为字段】设为【与平均值差】，如图 7.3.7 所示。最终结果如图 7.3.8 所示。

图 7.3.7

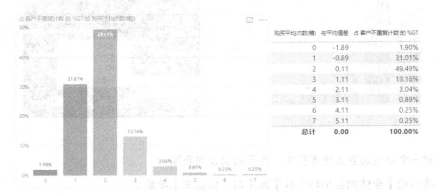

购买平均次数(箱)	与平均值差	占 客户不重复计数的 %GT
0	-1.89	1.90%
1	-0.89	31.01%
2	0.11	49.49%
3	1.11	13.16%
4	2.11	3.04%
5	3.11	0.89%
6	4.11	0.25%
7	5.11	0.25%
总计	0.00	100.00%

图 7.3.8

彼得点评：此案例在 Tableau 中实现时，比较特别的地方是使用了 EXCLUDE 函数，排除了【购买平均次数(箱)】字段对公式的影响。另外，将【详细信息】结合参考线的应用也体现了 Tableau 的灵活性。在 Power BI 中，这里使用了表计算的合计百分比功能代替创建显式度量值，提高了分析效率。注意，合计百分比是目前 Power BI 界面中为数不多的表计算功能。一般而言，如果分析结果中不涉及二次嵌套计算，则使用表计算更为方便，而使用以下显性度量值显然更加费力：

用户数占比% =[客户不重复计数] / CALCULATE（[客户不重复计数]，ALLSELE-CTED（'订单'））

7.4 第 20 招：静态象限图分析

商业场景：图 7.4.1 所示的是著名咨询公司 Gartner 在 2019 年 2 月发布的年度商务智能分析平台魔力象限图，该图将国际知名 BI 厂商（根据远景性（X轴）和易用性（Y轴）得分），分布在四个象限（LEADERS、CHALLENGERS、VISIONARIES 和 NICHE PLAYERS）中。此类图被称作象限图，根据个体在 X 轴和 Y 轴的得分，将其分布在不同象限内，有助于我们对个体进行归类，从而进一步得出群体特征。本节案例以象限图为设计模板，演示其在 Tableau 和 Power BI 中的实现方式。

可视化实现：象限图（Quadrant Chart）。本节案例中的 X 轴和 Y 轴的总分为 100 分，这里按等比得出各 BI 平台的 X 轴坐标和 Y 轴坐标。

图 7.4.1

解题思路：

（1）创建以点为单位的散点图。

（2）创建四个象限集的判断条件。

7.4.1　在 Tableau 中的实现步骤

在 Tableau 中打开数据文件。按图 7.4.2 分别放在【Ability To Execute Y 轴】与【Completeness Of Vision X 轴】为【列】与【行】中。将【应用名称】字段放入【标签】中，调整【标记】形状为【圆】。单击【大小】按钮，适当放大圆形的面积，分别为 X 轴和 Y 轴添加参考线，设置其类型为【常量】，数值为 50。

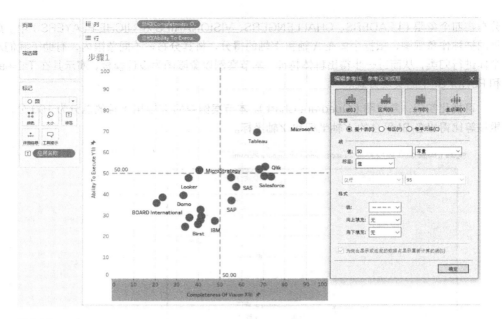

图 7.4.2

创建一个新计算字段【象限】，其公式如下：

```
IF [Ability To Execute Y 轴] > 50 AND [Completeness Of Vision X 轴]>50
THEN

    "LEADERS"

    ELSEIF [Ability To Execute Y 轴] <= 50 AND [Completeness Of Vision
X 轴]>50 THEN

    "VISIONARIES"

    ELSEIF [Ability To Execute Y 轴] > 50 AND [Completeness Of Vision
X 轴]<=50 THEN

    "CHALLENGERS"

    ELSE

    "NICHE PLAYERS"

    END
```

上述公式看似复杂，其实质为双判断条件组合，将完成后的【象限】字段放入【颜色】卡中，并调整颜色设置。

下面为每个象限添加注释。用鼠标右击图表空白处，在弹出的快捷菜单中选择【添加注释】→【区域】命令，加入象限注释，如图 7.4.3 所示。需要注意的是，此处无法直接复制注释，因此，依次为图表添加 4 次对应的注释，统一其格式及大小，并放置在相应的区间中，最终结果如图 7.4.4 所示。

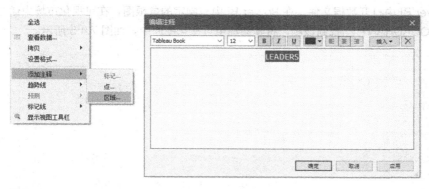

图 7.4.3

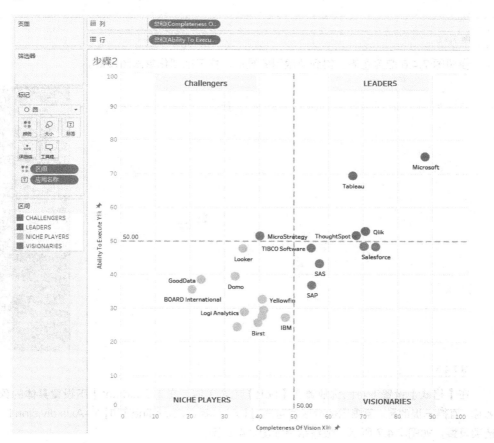

图 7.4.4

7.4.2 在 Power BI 中的实现步骤

在 Power BI 中打开数据文件。在 Power BI 中有制定的象限图,在可视化市场中通过搜索关键字"QUADRANT" 找到该图,将其添加至可视化图库中,如图 7.4.5 所示。

图 7.4.5

参照图 7.4.6 配置图表,得到象限图的雏形,接下来细化象限图设置。

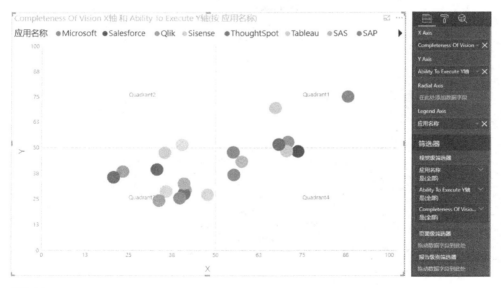

图 7.4.6

在【格式】设置下将图例放置在【Left】(左)侧,在【Quadrant】下设置具体的象限名称。值得一提的是,象限图的分区线可通过【X-Axis division line】和【Y-Axis division line】选项设置,如图 7.4.7 所示。最终结果如图 7.4.8 所示。

图 7.4.7

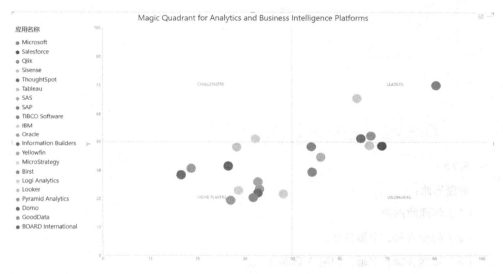

图 7.4.8

彼得点评：象限图实为散点图的一种（每个散点的大小一致）。值得一提的是，Tableau 中的 IF…ELSEIF…THEN 语句让判断逻辑变得十分灵活，避免了嵌套 IF 语句。Power BI 的象限图在使用上有一定的局限，例如象限说明字体无法调整，无法显示每个个体的描述，其他功能则与 Tableau 大致相当，但好处是设置简单，直接套用即可。

7.5　第 21 招：动态象限图分析

商业场景：动态象限图的特点在于象限边界的 X 轴和 Y 轴的参考线可根据需求进行调整，从而可以更加灵活地筛选、分析象限中的个体。而在静态象限图中，每个象限面积均为固定的，更适合静态展示。

可视化实现：散点图（Scatter Plot）。象限图在本质上即为简化的散点图，其中每个散点的面积均等。

在本节实例中，X 轴和 Y 轴的总分为 100 分，这里按比例得出各 BI 平台的 X 轴坐标和 Y 坐标单位，如图 7.5.1 所示。

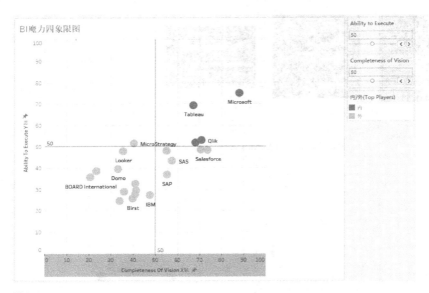

图 7.5.1

解题思路：

（1）创建散点图。

（2）创建 X 轴、Y 轴参数。

（3）依据 X 轴、Y 轴，创建 X 集和 Y 集。

（4）创建 X 集和 Y 集的交集。

7.5.1 在 Tableau 中的实现步骤

先创建散点图。按照图 7.5.2 分别设置【Ability To Execute Y 轴】和【Completeness Of Vision X 轴】为【列】与【行】，将【应用名称】放入【标签】卡中，调整【标记】形状为【圆】，单击【大小】按钮，适当放大圆形的面积，如图 7.5.2 所示。

图 7.5.2

创建 Ability to Execute 参数，值范围设为 1~100，当前值为 50，如图 7.5.3 所示。

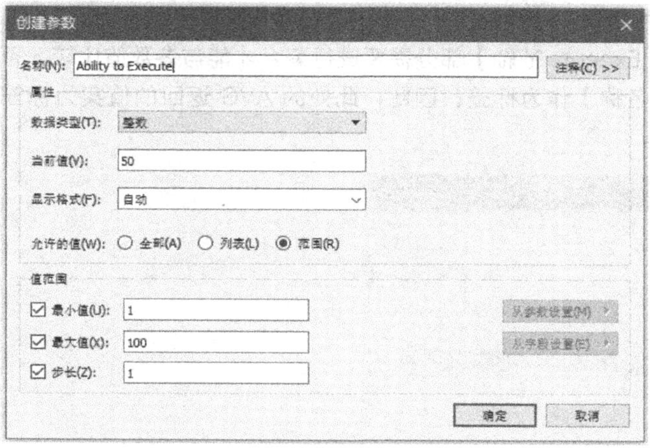

图 7.5.3

同样，再制作一个新参数 Completeness of Vision。

用鼠标右击参数胶囊，在弹出的快捷菜单中选择【显示参数控件】命令，将新创建的参数添加到工作表中，如图 7.5.4 所示。

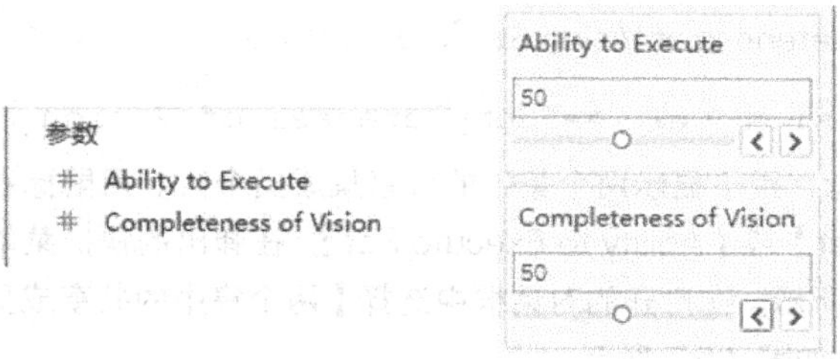

图 7.5.4

接下来是传参，创建两个集接受参数值。用鼠标右击【应用名称】胶囊，在弹出的快捷菜单中选择【创建】→【集】命令，如图 7.5.5 所示。

图 7.5.5

在打开的对话框中将集的名称设为【Ability to Execute Set】，在【条件】选项卡中选择

【按公式】单选框，输入公式：

AVG([Ability To Execute Y轴])>[Ability to Execute]。

注意公式中的【Ability To Execute Y 轴】部分需要进行聚合才能与参数值比较，否则会出错。因为已经使用了【应用名称】作为标签，因此，此处的 AVG 返回的值实为标签个体的 Y 轴坐标，如图 7.5.6 所示。

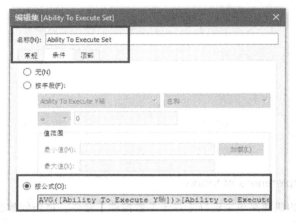

图 7.5.6

同样地，创建另一个集【Completeness of Vision Set】，公式为：

avg([Completeness Of Vision X轴])>=[Completeness of Vision Set]。

合并集：此处引出合并集的概念，用于显示两个集中的共享集成员个体。用鼠标右击已有的集【Completeness of Vision Set】或【Ability to Execute Set】，在弹出的快捷菜单中选择【创建合并集】命令，如图 7.5.7 所示。在打开的对话框中选择【两个集中的共享成员】单选框，并命名为"Top BI Players"，如图 7.5.7 所示。

图 7.5.7

将新建的合并集放入【颜色】卡中，散点会依据图例被分为【内】与【外】（符合条件的为【内】，不符合条件的为【外】），如图 7.5.8 所示。

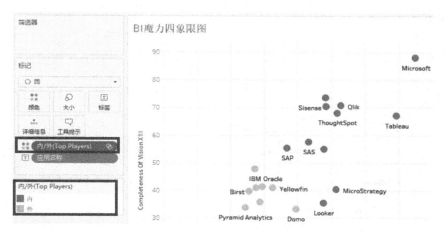

图 7.5.8

参考线：分别用鼠标右击 *X* 轴和 *Y* 轴，在弹出的快捷菜单中选择【编辑轴】命令。在弹出的对话框中，设置【范围】为【固定】，设定范围值为 0~100，如图 7.5.9 所示。

再次分别用鼠标右击 *X* 轴和 *Y* 轴，在弹出的快捷菜单中选择【添加参考线】命令。在弹出的设置对话框中，选择【整个表】单选框，以及其对应的参数值，将标签设为【自定义】，填写相关名称，如图 7.5.10 所示。

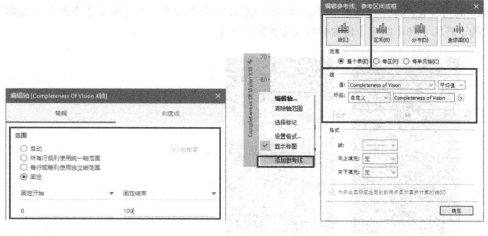

图 7.5.9   图 7.5.10

完成后的结果如图 7.5.11 所示，调整 *X*、*Y* 参数值的交集面积，合并集之内的散点颜色也随之发生了变动。

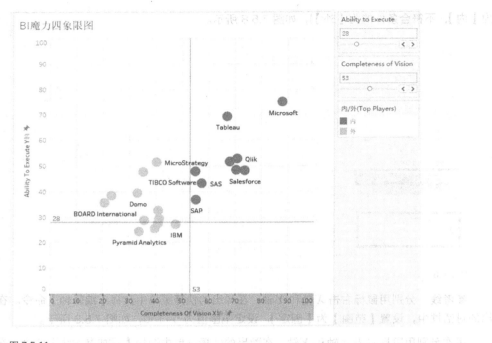

图 7.5.11

7.5.2　在 Power BI 中的实现步骤

　　在 Power BI 中打开数据文件。因为在本质上，象限图实为简单的散点图，因此，在 Power BI 的可视化图库中选择散点图。参照图 7.5.12 配置散点图，在【格式】下调整 X 轴和 Y 轴的【开始】和【结束】位置并打开【类别标签】。

图 7.5.12

但是在 Power BI 中没有集的功能，因此散点图中的【图例】需要通过计算列进行控制。在此之前，需要一个值为 1~100 的参数表。下面创建一个新表，输入公式：

X 轴 = GENERATESERIES(1,100,1)

创建一个新度量值：

Selected X =SELECTEDVALUE('X 轴'[Value])

用于显示被选中的参数值，并且选择值为 50，如图 7.5.13 所示。

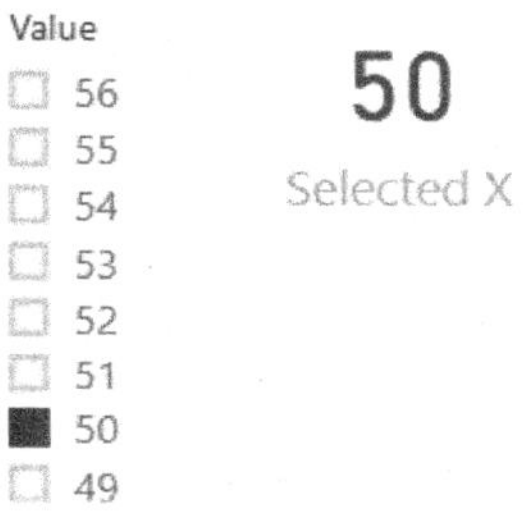

Value
- [ ] 56
- [ ] 55
- [ ] 54
- [ ] 53
- [ ] 52
- [ ] 51
- [x] 50
- [ ] 49

50
Selected X

图 7.5.13

下一步是传参。在【数据】视图下，创建新计算列，输入公式：

Over Completeness of Vision = IF([Completeness Of Vision X 轴] > [Selected X],1,0).

令大于选择值的行的值为 1，其余的行的值为 0。

但令人费解的是，在图 7.5.14 中，字段【Over Completeness of Vision】的结果都是 1 而没有 0。这是为什么呢？创建另一个新列，输入公式：

Selected X = [Selected X]

发现该类的结果为空值而不是 50，所有个体的 X 轴都大于空值，故此【Over Completeness of Vision】的结果都是 1。

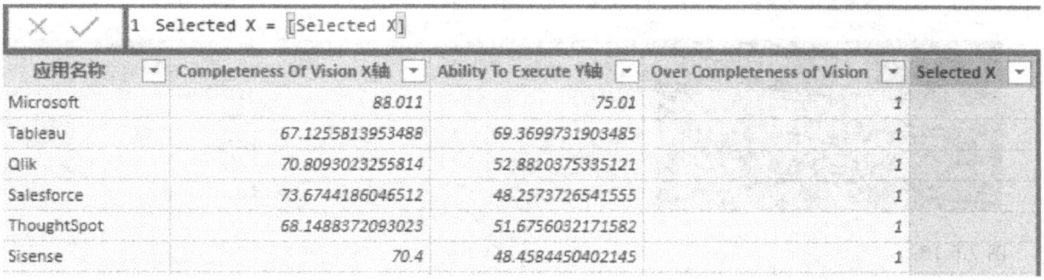

```
1 Selected X = [Selected X]
```

应用名称	Completeness Of Vision X轴	Ability To Execute Y轴	Over Completeness of Vision	Selected X
Microsoft	88.011	75.01	1	
Tableau	67.1255813953488	69.3699731903485	1	
Qlik	70.8093023255814	52.8820375335121	1	
Salesforce	73.6744186046512	48.2573726541555	1	
ThoughtSpot	68.1488372093023	51.6756032171582	1	
Sisense	70.4	48.4584450402145	1	

图 7.5.14

出现此现象是由 Power BI 的设计特性所决定的。在 DAX 模型中，度量值参数仅被保存在内存中，仅在进行上下文筛选时才会有返回值。在图 7.5.14 中，作为计算列的【Selected X】度量值没有受到筛选上下文的影响，也不会返回任何值。

那么有没有其他创建动态图例的方式呢？下面介绍另一种方式供读者参考。

在菜单中单击【开始】→【编辑查询】命令，进入数据准备界面。单击【管理参数】→【新建参数】命令，在弹出的对话框中创建两个参数，将【类型】设置为【任意】，将【建议的值】设为【任何值】，如图 7.5.15 所示。

图 7.5.15

完成后，单击【条件列】命令，如图 7.5.16 所示。

图 7.5.16

在对话框中，为新列命名。在【列名】列表框中选择对应的字段列。在【值】列表框中选择参数名，如图 7.5.17 所示。当字段所在的行值大于参数时，公式返回 1，否则返回 0。同理，参照图 7.5.12，添加【Ability to Execute】条件列，完成设置操作，完成后表中添加了两列新列。

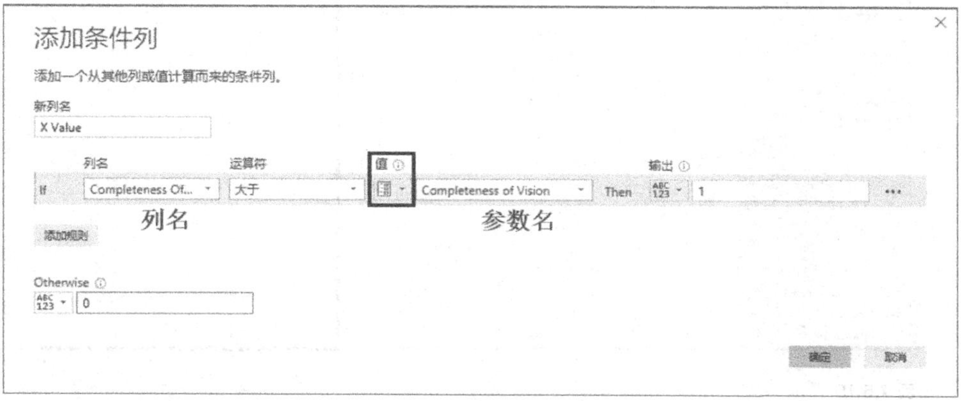

图 7.5.17

单击菜单中的【自定义列】命令，在弹出的对话框中设置新列名并输入公式，如图 7.5.18 所示，结果如图 7.5.19 所示。

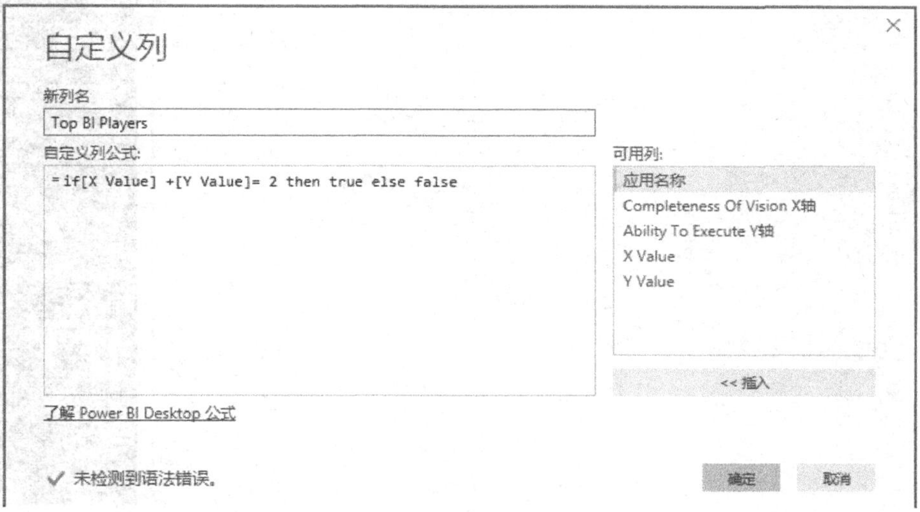

图 7.5.18

将【Top BI Players】字段放入【图例】中，并设置图例的颜色。在对应图表的【分析】选项 下，为 X 轴和 Y 轴添加【恒线】，值为 50，如图 7.5.20 所示。

163

	A⁴↓ 应用名称	1.2 Completeness Of Vision X轴	1.2 Ability To Execute Y轴	ABC 123 X Value	ABC 123 Y Value	ABC 123 Top BI Players
1	Microsoft	88.011	75.01	1	1	TRUE
2	Tableau	67.1255814	69.36997319	1	1	TRUE
3	Qlik	70.80930233	52.88203753	1	1	TRUE
4	Salesforce	73.6744186	48.25737265	1	0	FALSE
5	ThoughtSpot	68.14883721	51.67560322	1	1	TRUE
6	Sisense	70.4	48.45844504	1	0	FALSE
7	MicroStrategy	40.31627907	51.47453083	0	1	FALSE
8	Looker	35.40465116	47.6541555	0	0	FALSE
9	TIBCO Software	55.05116279	47.85522788	0	0	FALSE
10	SAS	57.50697674	43.230563	1	0	FALSE
11	Domo	33.15348837	39.41018767	0	0	FALSE
12	GoodData	23.33023256	38.40482574	0	0	FALSE
13	SAP	55.25581395	36.79624665	1	0	FALSE
14	BOARD International	20.66976744	35.58981233	0	0	FALSE
15	Yellowfin	40.93023256	32.57372654	0	0	FALSE
16	Logi Analytics	35.81395349	28.75335121	0	0	FALSE
17	Oracle	41.33953488	29.35656836	0	0	FALSE
18	Information Builders	40.93023256	27.54691689	0	0	FALSE
19	Pyramid Analytics	33.76744186	24.32975871	0	0	FALSE
20	Birst	39.70232558	25.53619303	0	0	FALSE
21	IBM	47.68372093	27.14477212	0	0	FALSE

图 7.5.19

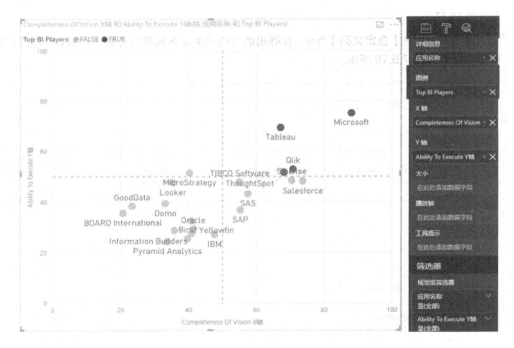

图 7.5.20

若要调整【Top BI Players】的筛选条件，则需要单击菜单中的【编辑查询】→【编辑参数】命令，如图 7.5.21 所示。

图 7.5.21

输入参数值，可以调整所需要的筛选范围，如图 7.5.22 所示。

输入参数

Completeness of Vision
50

Ability to Execute
50

确定　　取消

图 7.5.22

这里解释一下为什么第二种参数奏效。在 Power BI 中有两种不同的参数，姑且将其称为度量值参数和文件参数。度量值参数被保存在内存中，仅可作用于（传参）度量值。而文件参数被保存在文件中，可直接作用于（传参）计算列。图 7.5.23 所示为 Power BI 参数传递方向示意图，方向为单向。

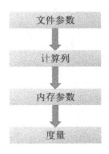

图 7.5.23

非内存参数有其限制，当将报表发布到 Power BI Online 中后，无法在报表页面中直接修改参数设置，只能在 Power BI Online 设置界面的【数据集】选项下的【参数】中进行修改，如图 7.5.24 所示。

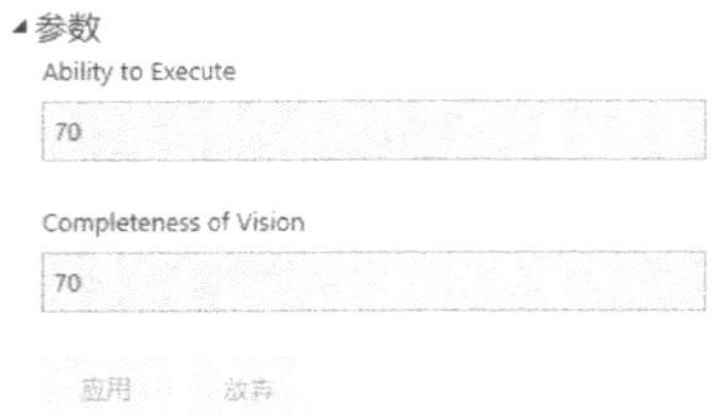

图 7.5.24

彼得点评：在 Tableau 中可以很灵活地实现动态象限图。尤其是其中的动态参考线、合并集为本节实例的数据可视化带来了很好的效果。Power BI 的功能与 Tableau 大致相当，但参数的设置显得不够灵活，参考线也是静态的，最终呈现效果稍显逊色。

7.6　第 22 招：帕累托分析

商业场景：帕累托分析的原理就是我们日常所说的"80/20"原则，比如企业中 80％的利润来自 20％的商品销售；反之，80％的商品创造了 20％的利润。帕累托分析有助于让企业关注利润价值高的商品，同时减少利润少的商品，提升企业的总体利润。本节使用帕累托分析洞察商品与利润之间的关联。

可视化实现：帕累托图（Plato Chart）。帕累托图用于显示合计百分比的分析结果。在本节实例中，主要计算包含两个维度的合计百分比：产品数量合计百分比和产品利润合计百分比，如图 7.6.1 所示。

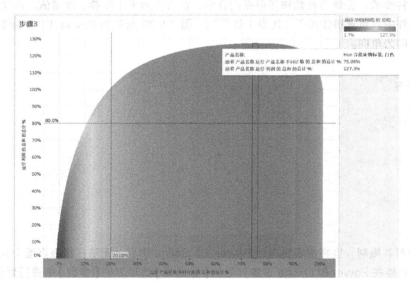

图 7.6.1

解题思路：

（1）以产品名称为依据，对产品利润进行合计百分比计算。

（2）以利润汇总合计百分比为依据，对产品（个数）进行合计百分比计算。

7.6.1 在 Tableau 中的实现步骤

在 Tableau 中打开数据文件。将【产品名称】字段放入【列】中，将【利润】字段放入【行】中。在【利润】胶囊中进行表计算设置，将【主要计算类型】设为【汇总】，勾选【添加辅助计算】复选框，将【从属计算类型】设为【合计百分比】，将【计算依据】设为【特定维度】下的【产品名称】，如图 7.6.2 所示。

图 7.6.2

按住 Ctrl 键，依次将【行】中的【利润】字段放入【颜色】卡中，将【列】中的【产品名称】字段放入【详细信息】卡中。再单击【产品名称】字段中的【排序】按钮，在打开的对话框中进行设置，使其按【字段】降序排序【利润】，将标记图改为【条形图】，结果如图 7.6.3 所示。

此时，已经得出所有产品对应的利润合计百分比，但还无法知道是否是 20% 的产品创造了 80% 的利润。因此，需要将 X 轴的刻度也改为百分比数值。

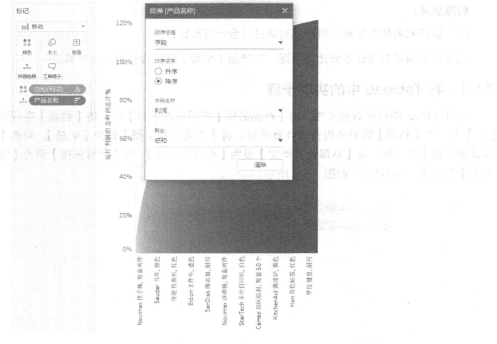

图 7.6.3

将【列】中的【产品名称】胶囊改为【计数（不同）产品名称】度量值，在其下拉菜单中选择【表计算设置】命令，打开如图 7.6.4 所示的对话框。具体设置可参照图 7.6.4。此时，X 轴的刻度和 Y 轴的刻度皆为百分比数值，完整的帕累托图就制作完成了。

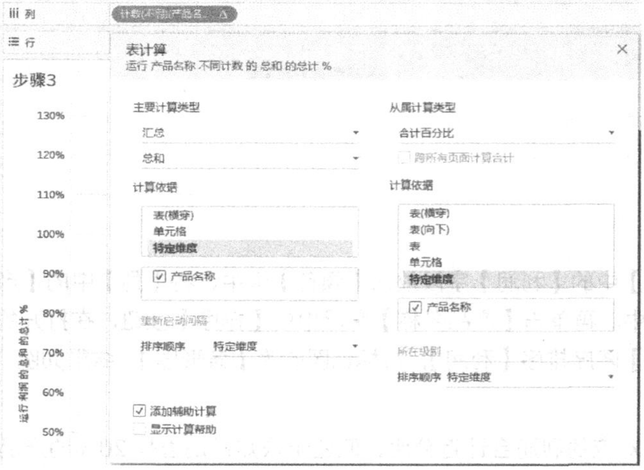

图 7.6.4

接下来，对图表进行美化。单击【颜色】卡，在弹出的【编辑颜色】对话框中设置颜色，如图 7.6.5 所示。

图 7.6.5

再分别为 X 轴和 Y 轴添加【常量】参考线，值设为 0.8，如图 7.6.6 所示。

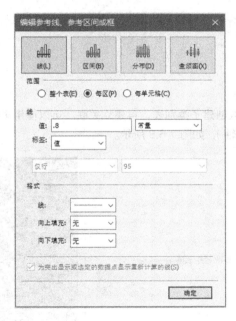

图 7.6.6

最终结果如图 7.6.1 所示。结果并没有体现出"80/20"原则，参考线交点落在条形图区域内部。值得注意的是，利润合计百分比数值曾经一度高于 100%，然后又回落至 100%，即一部分产品造成了负利润，需要引起企业的注意。

7.6.2　在 Power BI 中的实现步骤

在 Power BI 中打开数据文件。在 Power BI 中没有内置的帕累托图，一般用柱线图实现帕累托分析。

由于产品名称过多，当以【产品名称】字段为 X 轴时，X 轴上显示的信息异常长，难以阅读，如图 7.6.7 所示。

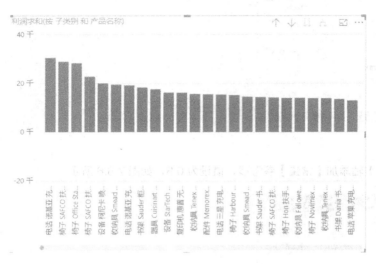

图 7.6.7

因此，在 Power BI 中先通过 VALUES 函数创建子类别表，再建立关联。可以使用子类别表中的【子类别】字段作为【共享轴】（即 X 轴），如图 7.6.8 所示。

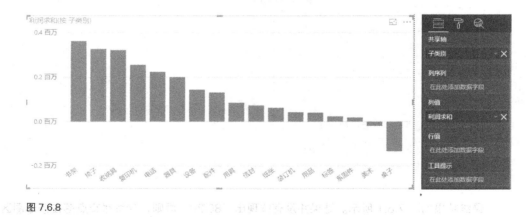

图 7.6.8

关于计算合计百分比有两种方式：使用计算列和使用度量值。一般而言，度量值的计算效率更高，但是实现的难度也更大。下面分别演示这两种方式的实现，读者可自行选择。

计算列方式： 下面介绍通过计算列的方式得出利润、利润排名和合计利润，并计算合计利润百分比。

创建以下计算列，此时再次遇到让人比较迷惑的 EARLIER 函数（读者只需要记住 EARLIER 函数也被称为 OUTER 函数即可）。在【利润排名】公式中，书架的【利润】≤ 所有行的【利润】，返回行只有自己，因此为 1。合计利润的计算也是同理，结果如图 7.6.9 所示。

利润 = CALCULATE([利润求和])

利润排名 = COUNTROWS(FILTER(all('子列别表'), EARLIER ('子列别表'[利润])<=[利润]))

合计利润 = SUMX(FILTER(all('子列别表'), EARLIER ('子列别表'[利润])<=[利润]), [利润])

合计利润百分比% = [合计利润]/ SUM('订单'[利润])

		汇总 合计利润百分比% = [合计利润]/ SUM('订单'[利润])

子类别	利润排名	利润	合计利润	合计利润百分比%
书架	1	¥362,692.54	¥362,692.54	16.82%
椅子	2	¥325,999.86	¥688,692.40	31.93%
收纳具	3	¥321,007.40	¥1,009,699.80	46.82%
复印机	4	¥254,600.78	¥1,264,300.58	58.63%

图 7.6.9

使用柱线图，参照图 7.6.10 配置参数，求出商品子类的合计利润百分比。

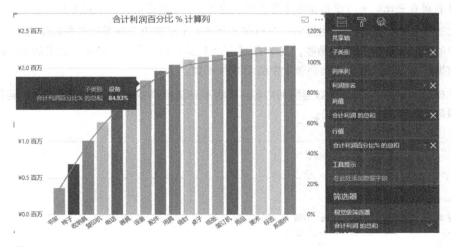

图 7.6.10

度量值方式： 下面使用度量值的方式计算合计利润百分比。在 Power BI 中的思路是使用

RANKX 和 TOPN 函数求出该值。先创建度量值【子类别销售排名】，并按类别利润升序排名，如图 7.6.11 所示。

子类别销售排名 = RANKX(ALL('子类别表'[子类别]),[利润求和])

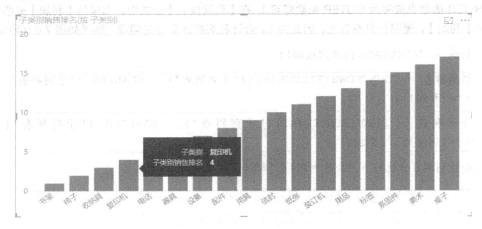

图 7.6.11

得出排名后，创建以下度量值：

依据排名汇总利润（分子） = CALCULATE([利润求和],TOPN([子类别销售排名],ALL('子类别表'),[利润求和],DESC))

利润总和（分母） = CALCULATE([利润求和],ALL('子类别表'))

合计利润百分比% = [依据排名汇总利润（分子）]/[利润总和（分母）]

在上述公式中，创建【依据排名汇总利润（分子）】度量值是最难的也是最重要的，而该公式中的核心部分是 TOPN 函数，其中的【子类别销售排名】则是嵌套了之前的 RANKX 函数，依据其动态值返回【子类别表】中的 TOPN 函数。

图 7.6.12 所示为 TOPN 函数返回的内容，读者不必使用 DAX STUDIO 去验证这个结果，只需要理解其返回值的原理即可。

```
1 EVALUATE
2 TOPN ( 2,'子类别表'|, [利润求和], DESC )
100% ▼
```

Results

子类别	利润排名	利润	合计利润	合计利润百分比%	子类别个数汇总百分比
椅子	2	¥325,999.86	¥688,692.40	31.93%	11.76%
书架	1	¥362,692.54	¥362,692.54	16.82%	5.88%

图 7.6.12

参照图 7.6.13 完成图表的配置。

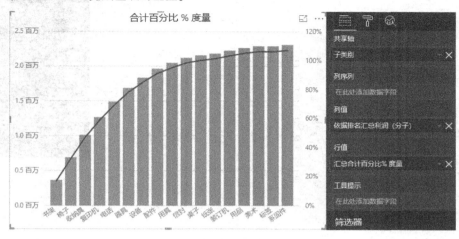

图 7.6.13

以上两种方式仅完成了利润的占比分析，而商品子类别个数的占比分析还没有实现。

由于 Power BI 中的【轴】只支持字段而不支持度量值，因此此处只能用计算列的方式实现 X 轴的商品子类别个数合计百分比。在【子类别】表中创建新计算列用于计算该百分比（见图 7.6.14 所示）：

子类别个数汇总百分比 = [利润排名]/COUNTA('子类别表'[子类别])

上述公式巧妙地利用了之前创建的【利润排名】字段作为分子，而分母是简单的计数总和。

X ✓	1 子类别个数汇总百分比 = [利润排名]/COUNTA('子类别表'[子类别])				
子类别	利润排名	利润	合计利润	合计利润百分比%	子类别个数汇总百分比
用品	13	¥40,725.92	¥2,266,333.92	105.09%	76.47%
信封	10	¥72,680.16	¥2,120,739.99	98.34%	58.82%
装订机	12	¥42,885.11	¥2,225,608.00	103.20%	70.59%

图 7.6.14

选择【折线图】，在【轴】中放入【子类别】和【子类别个数汇总百分比】度量值，并进行层次下钻。在【值】中放入【合计利润百分比%的总和】度量值。完成完整的帕累托分析，结果如图 7.6.15 所示。

彼得点评：本节实例演示了创建半帕累托图（ Y 轴为百分比数值）和全帕累托图（ X 轴和 Y 轴皆为百分比数值）。Tableau 中的表计算具有强大的功能，建议读者多花一些时间学习表计算功能，达到熟练使用的水平。Power BI 中的表计算功能相对来说有局限，但是 DAX 中的一系列函数 RANKX、EARLIER、TOPN 弥补了这方面的不足。

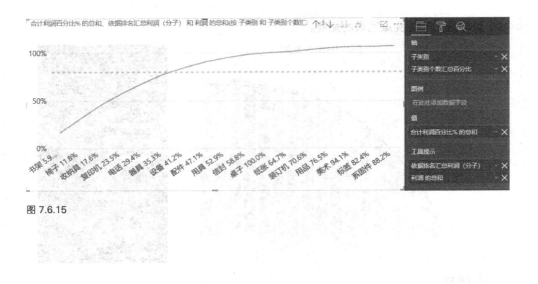

图 7.6.15

34 招精通商业智能数据分析 Power BI 和 Tableau 进阶实战

第 8 章
占比分析

占比分析是指分析不同个体在总体中的占比。本章实例包含人群占比分析、地理位置占比分析等。

8.1 第 23 招：群体占比分析

商业场景：本节的目的在于分析不同客户群的消费占比，如图 8.1.1 所示。在此分析结果基础上，企业可制定进一步的营销策略。

可视化实现：百分比堆积柱形图。其中百分比堆积柱形图的 Y 轴的最大值始终为 100%，堆积面积的大小取决于个体数值的大小，如图 8.1.1 所示。

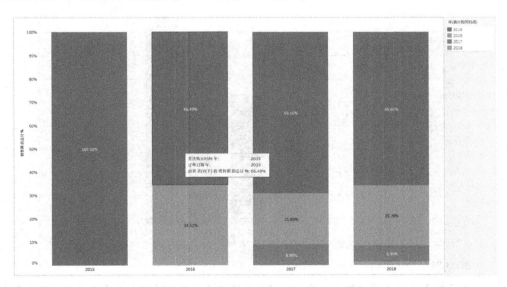

图 8.1.1

解题思路：

（1）得出客户首次购买时间。

（2）计算合计百分比（在 Tableau 中）或使用百分比堆积图（在 Power BI 中）。

8.1.1　在 Tableau 中的实现步骤

在 Tableau 中打开数据文件。这里先求出每个客户的首次购买时间，并作为时间维度。将【订单日期】字段作为【列】，将【销售额】字段作为【行】，然后创建条形图。创建【首次购买时间】字段并添加至【颜色】卡中。

首次购买时间 = { FIXED [客户 ID]: MIN([订单日期]) }

上述公式依据【客户 ID】维度求出对应客户的首次购买时间。使用 MIN 函数可以进行聚合。MIN 函数用于对最小值进行筛选。因为日期一般被视作维度，因此 Tableau 自动将该字段放在维度区中。

将【首次购买时间】和【销售额】字段分别放入【颜色】和【标签】卡中，如图 8.1.2 所示，得到客户群体消费占比分析的雏形。

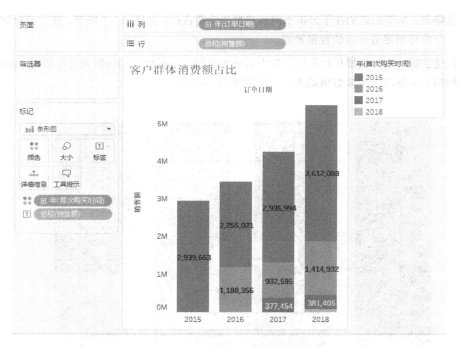

图 8.1.2

在【行】中的【销售额】胶囊下拉菜单中选择【快速表计算】→【合计百分比】命令，并且将【计算依据】设为【表（向下）】。将【标签】卡中的【销售额】胶囊进行同样的操作。完成后，得到图 8.1.3 所示的结果，从中可以看出从不同年份开始购买商品的客户群体在某年的消费占比。

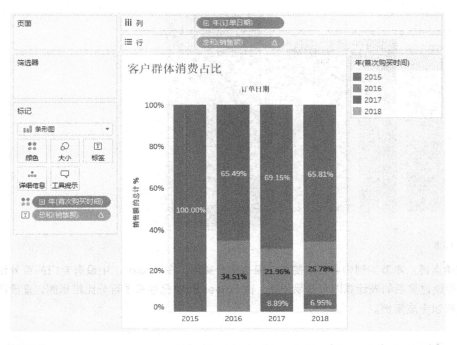

图 8.1.3

8.1.2　在 Power BI 中的实现步骤

在 Power BI 中实现此案例仍然需要先建立相应的字段，如图 8.1.4 所示。

最初购买日期 = CALCULATE(MIN('订单'[订单日期]))

初次购买年 = YEAR('客户表'[最初购买日期])

	1 初次购买年 = YEAR('客户表'[最初购买日期])		
客户 ID	购买次数	最初购买日期	初次购买年
曾惠-14485	4	2015/11/17 0:00:00	2015
许安-10165	4	2016/11/7 0:00:00	2016
宋良-17170	13	2015/9/30 0:00:00	2015
万兰-15730	8	2015/11/16 0:00:00	2015
俞明-18325	5	2016/6/14 0:00:00	2016
谢雯-21700	7	2015/5/10 0:00:00	2015

图 8.1.4

选择百分比堆积柱形图，将字段【订单日期】、【初次购买年】和【销售额】分别放入柱形图的【轴】、【图例】和【值】中，完成分析，如图 8.1.5 所示。

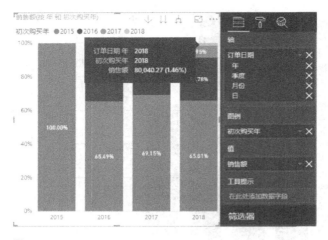

图 8.1.5

彼得点评：本节实例内容相对简单，但也十分实用。在 Tableau 中没有专门的百分比堆积图，但通过灵活的表计算即可轻易创建。在 Power BI 中已经有了百分比堆积图，直接调整参数就可以完成案例。

8.2 第 24 招：地理位置占比分析

商业场景：本节实例为分析各地区（国家）的销售贡献率占比，并且分别演示相对占比和绝对占比两种实现方式。

可视化实现：地图。本节实例的目的是显示不同行政区域的销售状况，使用地图为最佳选择（实现的效果图请见作者公众号）。

解题思路：

（1）通过合计百分比计算各地区销售贡献相对占比。

（2）通过 EXCLUDE（在 Tableau 中）函数或者 ALL（在 Power BI 中）函数得出销售贡献绝对占比。

8.2.1 在 Tableau 中的实现步骤

（1）销售贡献相对占比

销售贡献相对占比要求所选地区的销售贡献率始终是 100%，通过使用表计算中的【合计百分比】功能，可完成相对占比分析。

（2）销售贡献绝对占比

销售贡献绝对占比强调占比的绝对值，无论筛选哪些地区，始终显示这些地区在全国的销售占比。

在绝对占比计算中，要将计算出的全国销售总额作为分母：

销售总额 ={SUM([销售额])}

该公式没有 LOD 语句中的逻辑关键字 FIXED，仅通过{SUM([销售额])}公式求和，表示 FIXED 作用于整个数据集字段。

然后计算销售占比：

销售占比% = [销售额]/[销售总额]

修改该字段的格式为百分比，然后选择【地图】为标记图形。将【销售占比%】字段放入其中，此时无论筛选多少个地区，各地区的销售占比值始终是固定的。

需要提醒的是，由于分母【销售总额】是对整个数据集的求和，当进行筛选时，分母不会发生变化，如图 8.2.1 所示。

图 8.2.1

若需要对该问题进行改进，可改写公式：

销售总额 2= { FIXED [订单日期（年）] : SUM([销售额]) }

这里补充一点，Tableau 支持导入第三方地图，此处演示如何在 Tableau 中导入高德地图（配置文件由 Tableau 合作伙伴优阅达提供）。读者可以将教学文件中的 "AutoNavi.tms" 文件复制到相应的文件夹内，如：C:\Users\用户名称\Documents\我的 Tableau 存储库\地图源。导入后，单击【地图】→【背景地图】命令，在弹出的菜单中选择【AutoNavi】命令，如图 8.2.2 所示，此时地图中的地理信息变得更加细致。

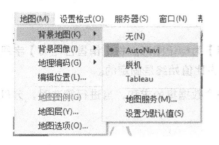

图 8.2.2

8.2.2 在 Power BI 中的实现步骤

在 Power BI 中打开数据文件，然后创建地理维度表。此时会发现【订单】表中的城市名不是唯一值，如图 8.2.3 所示。

城市	省/自治区	国家	地区
洛阳	广东	中国	中南
洛阳	广东	中国	中南
洛阳	河南	中国	中南
洛阳	河南	中国	中南
洛阳	河南	中国	中南
洛阳	河南	中国	中南
洛阳	广东	中国	中南
洛阳	河南	中国	中南
洛阳	河南	中国	中南
洛阳	广东	中国	中南
洛阳	广东	中国	中南
洛阳	福建	中国	华东

图 8.2.3

乍一看，这里有两个洛阳（一个表示洛阳镇，一个表示洛阳市），我们会以为数据有错误，但其实是没错的。

解决这个问题有以下 3 种方法：

（1）不使用维度表，直接使用事实表中的地理信息。此种方法对于少量数据的计算比较方便，不利于大量数据的计算。

（2）在订单表中创建一个新字段：

地理键=［国家］&"-"&［省/自治区］&"-"&［城市］

并确保其为唯一值，然后依据【地理键】字段创建维度表，最后通过函数 LEFT、MID 和 FIND 将此字段拆为 3 个字段。这种方法虽然可行，但有些烦琐。

（3）直接在【编辑查询】窗口中创建新的地理表，包括【地理键】【国家】【省/自治区】和【城市】字段。这种方式相对比较快捷，无烦琐的公式。

下面介绍具体操作步骤。

在【编辑查询】窗口中，通过【自定义列】命令为【订单】表添加新列【地理键】，如图 8.2.4 所示。

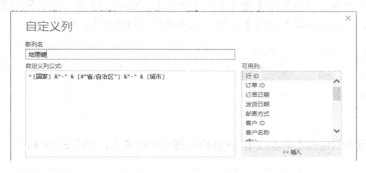

图 8.2.4

将【订单】表复制一份并命名为【地理表】，其中仅保留【地理键】列。用鼠标右击【地理键】列，在弹出的快捷菜单中选择【删除重复项】命令，如图 8.2.5 所示。

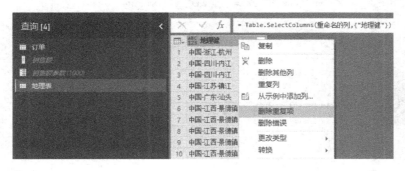

图 8.2.5

单击菜单中的【示例中的列】命令，在对应的"分隔符之前的文本"栏中输入【中国】并按 Enter 键。Power BI 将剩余的空白处也填充为【中国】，如图 8.2.6 所示。

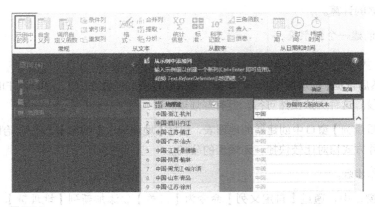

图 8.2.6

以此类推，重复这个步骤，分别输入【浙江】和【杭州】。Power BI 会一一识别所需的字段值并更改字段名称，单击【关闭并应用】按钮，完成更改，如图 8.2.7 所示。

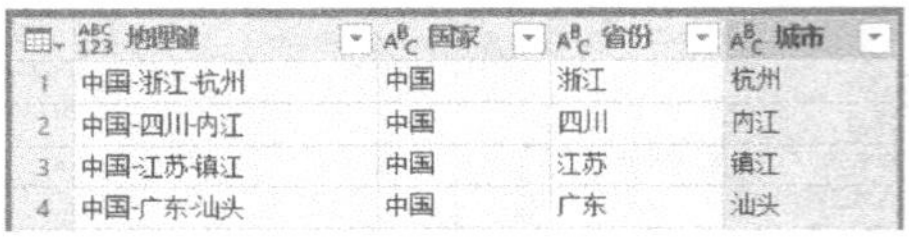

地理键	国家	省份	城市
1 中国-浙江-杭州	中国	浙江	杭州
2 中国-四川-内江	中国	四川	内江
3 中国-江苏-镇江	中国	江苏	镇江
4 中国-广东-汕头	中国	广东	汕头

图 8.2.7

Power BI 中出现了前面创建的【地理表】，并自动依据地理键关联，如图 8.2.8 所示。

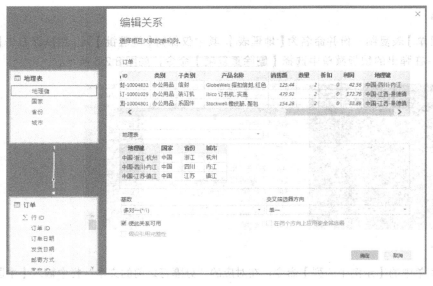

图 8.2.8

完成创建地理维度表后，将字段类型调整为相应的地理属性，并建立层级关系，如图 8.2.9 所示。

图 8.2.9

下面创建占比度量值：

销售占比% = [销售求和]/CALCULATE([销售求和],ALL('地理表'))

其效果同样显示绝对销售占比。

由于该公式分母中的 ALL('地理表')仅影响地理表中的筛选，因此当使用其他筛选器时，该公式同样生效。

彼得点评：在本节案例中介绍了两种占比分析：相对占比与绝对占比。在 Tableau 中，这里使用表计算功能完成相对占比计算，使用 LOD 函数完成绝对占比计算。在 Power BI 中，这里创建并组合唯一值键，以及进行字段拆分。

8.3　第 25 招：堆积百分比分析

商业场景：本节案例将进一步延伸前文介绍的地理位置占比分析，进行更深入的分析，包括子类产品销售额占比分析与堆积百分比分析，如图 8.3.1 所示。（详细图例请参考"BI 使徒"公众号上的有关文章）

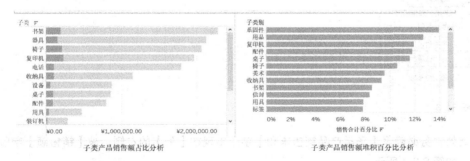

子类产品销售额占比分析　　　　　　子类产品销售额堆积百分比分析

图 8.3.1

可视化实现：地图、堆积条形图和百分比堆积条形图的组合图。地图用于筛选省份标的，堆积条形图用于展示对应的销售额，最后用百分比堆积图展示销售额的占比。

8.3.1　在 Tableau 中的实现步骤

既然是分析各子类产品在相应省份中的销售额占比，就可以直接使用以下公式：

子类产品销售求和 = ｛ FIXED ［子类别］:SUM(［销售额］)｝

制作"柱中柱"视觉图：将【子类产品销售求和】【销售额】分别放入【列】与【行】中，形成双条形图，结果如图 8.3.2 所示。

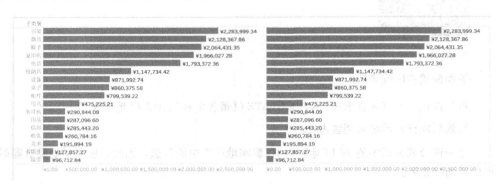

图 8.3.2

确保标签卡内的图形皆为条形图，单击【销售额】胶囊的下拉菜单按钮，在弹出的下拉菜单中选择【双轴】命令。用鼠标右击图形上的坐标轴，在弹出的快捷菜单中选择【同步轴】命令，并取消显示标题，如图 8.3.3 所示。

图 8.3.3

此处，务必确保【子类产品销售求和】字段出现在【列】的左侧，被【销售额】字段所覆盖，如图 8.3.4 所示。

创建另一张新工作表，用于展示销售合计百分比。【销售合计百分比】的计算公式为：

销售合计百分比= SUM(［销售额］) //AVG(［子类产品销售求和］)

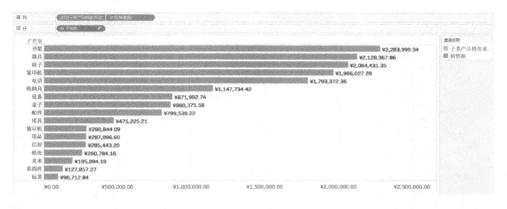

图 8.3.4

单击【子类别】胶囊下拉菜单中的【排序】命令，选择按【子类产品销售求和】字段排序，如图 8.3.5 所示。

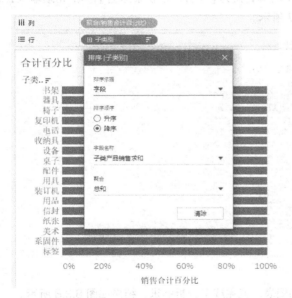

图 8.3.5

8.3.2　在 Power BI 中的实现步骤

在 Power BI 中打开数据文件。在视觉图库中选择【堆积条形图】，创建以【子类别】为【轴】，以【销售求和】为【值】的条形图。单击条形图，设置堆积条形图默认以突出实体的方式展示销售金额，如图 8.3.6 所示。

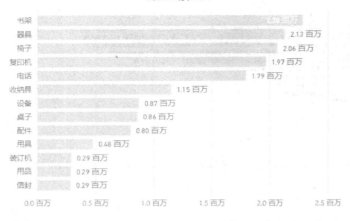

销售金额堆积

图 8.3.6

复制并粘贴销售金额堆积条形图，将其转换为【百分比堆积条形图】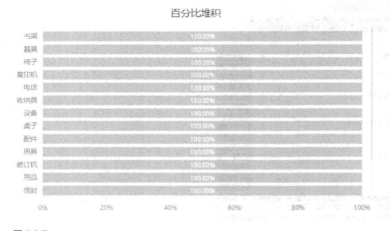，无须输入公式，就完成了堆积百分比分析，如图 8.3.7 所示。

百分比堆积

图 8.3.7

在本节案例中，Power BI 仅借助图表，就完成了分析需求，结果如图 8.3.8 所示。

彼得点评：本节案例涉及商业分析中的两种主要占比分析：堆积占比分析和百分比占比分析。在 Tableau 中，没有内置的堆积占比分析和百分比占比分析，因此需要创建度量公式辅助完成分析需求。相比之下，在 Power BI 中，不需要任何计算公式，所有的占比分析都是通过选择可视化图表中的【堆积条形图】【百分比堆积条形图】完成的，这里仅仅需要选择图表、放入参数即得到所要的结果，十分便利。

图 8.3.8

8.4 第 26 招：占比统计分析

商业场景：图 8.4.1 展示的是在某学校南、北两个校区进行问卷调查的结果，其中包含不同答案（1~5 分）的计数占比和最终的得分情况。

可视化实现：百分比堆积条形图、龙卷风图（Power BI）。百分比堆积条形图用于展示不同答案的占比，龙卷风图用于展示具体调研问题的最终得分。

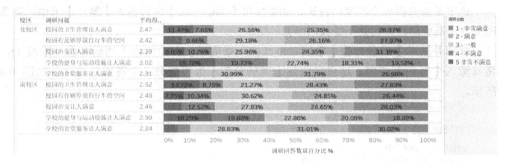

图 8.4.1

8.4.1 在 Tableau 中的实现步骤

在 Tableau 中的解题思路：

（1）通过合计百分比功能得出各个答案的占比。

（2）通过 LOD 公式依据【校区】和【调研问题】字段得出总分。

在 Tableau 中打开数据文件。将【记录数】字段放入【列】中，将【校区】和【调研问题】字段放入【行】中，如图 8.4.2 所示。

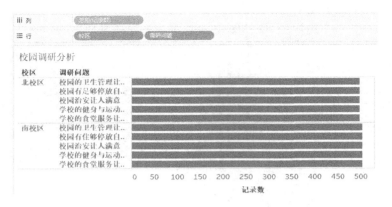

图 8.4.2

单击列胶囊中的下拉菜单按钮，在弹出的下拉菜单中选择计算依据为【单元格】，计算方式为【合计百分比】，结果如图 8.4.3 所示。

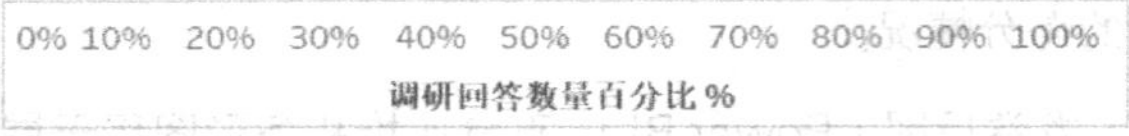

0% 10% 20% 30% 40% 50% 60% 70% 80% 90% 100%
调研回答数量百分比 %

图 8.4.3

这里希望分析各个答案的占比，如果仅将【调研分数】字段拖入【颜色】卡中，则条形图变成了渐变颜色，这并不是我们想要的结果。

复制并粘贴【调研分数】字段，将其拖入维度区中，改名为【调研分数（维度）】，再将其放入【颜色】卡中。结果会依据【调研分数】维度划分各个答案的占比，如图 8.4.4 所示。

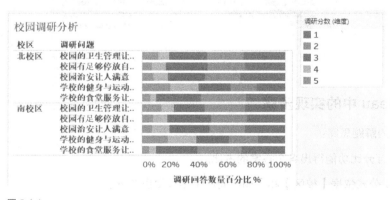

图 8.4.4

格式美化：按住 Ctrl 键不放，将列胶囊拖入【标签】卡中，显示分数占比。在颜色胶囊的下拉菜单中选择【编辑别名】命令，将图例的名称改成文字描述，如图 8.4.5 所示。

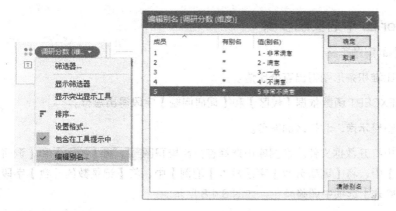

图 8.4.5

单击【调研分数(维度)】图例的下拉菜单中的【编辑颜色】和【编辑标题】命令，在打开的对话框中修改颜色和标题，如图 8.4.6 所示。

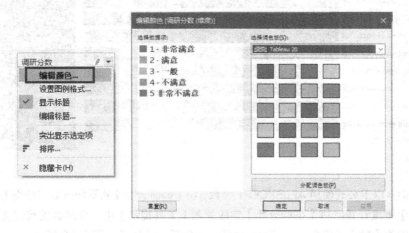

图 8.4.6

计算平均分数：接下来需要计算平均分数。这里需要按现有的维度样式，求出所有调研问题的平均分数，公式如下：

平均得分= { FIXED [校区],[调研问题]:AVG([调研分数]) }

将【平均得分】字段放入【行】中，在其胶囊的下拉菜单中选择【离散】命令，调整格式，完成后的结果如图 8.4.7 所示。最终结果如图 8.4.1 所示。

图 8.4.7

8.4.2　在 Power BI 中的实现步骤

在 Power BI 中的解题思路：

（1）使用百分比堆积条形图得出百分比值。

（2）通过 ALLEXCEPT 函数依据【校区】和【调研问题】字段得出总分。

（3）用龙卷风图显示南、北校区的得分。

在 Power BI 中打开数据文件。在图库中选择百分比堆积图■。将【校区】和【调研问题】字段放入【轴】中，将【调研分数】字段放入【图例】中，将【记录数的计数】字段放入【值】中，在【格式】选项中调整颜色，如图 8.4.8 所示。

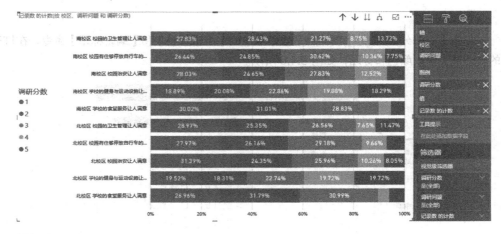

图 8.4.8

计算平均分数：以下公式使用 ALLEXCEPT 函数，将【调研分数】的平均分数仅依据【校区】、【调研问题】维度计算。将【平均分数】字段放入【工具提示】中，完成数据可视化。需要提示的是，因为【轴】的设置，该百分比堆积条形图带上钻功能，图 8.4.9 所示。

图 8.4.9

【平均分数】字段的公式如下所示。

平均分数 = CALCULATE (AVERAGE ('校园调研' [调研分数]) , ALLEXCEPT ('校园调研','校园调研' [校区],'校园调研' [调研问题]))

若想更直接地显示得分，可在图库中导入【龙卷风图】，参照图 8.4.10 设置图表属性。

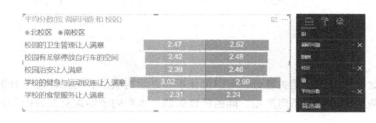

图 8.4.10

彼得点评：在 Tableau 中，通过合计百分比功能及复制、转换【调研分数】维度制作百分比堆积条形图，通过 FIXED 函数依据特定维度计算调研问题的平均分。在 Power BI 中则有专门的百分比堆积条形图，使用起来很便利；另外，ALLEXCEPT 函数的功能与 FIX 函数相当。

第 9 章
相关性分析

相关性指不同事物之间的联系。相关性分析可以量化事物之间的联系。例如，篮子分析就是相关性分析的典型应用，即找出不同产品之间的销售关联。本章内容涵盖交叉分析和篮子分析。

9.1 第 27 招：交叉分析

商业场景：图 9.1.1 所示的为本节案例（调查问卷交叉分析）的分析结果，通过交叉分析有助于找出问卷问题 1（您的工作属于哪一类？）的答案与问题 2（您愿意购买多少元的 SSBI 教材？）的答案的相关性，其中用颜色区分相关性的关联程度。

可视化实现：矩阵图。前文提及矩阵图最适合展示二维数据，其中包括两个字段，分别为 X 轴和 Y 轴，方格中为答案的相关值。

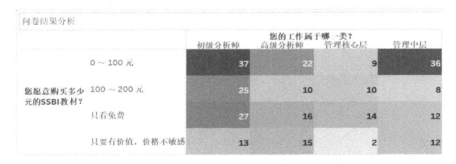

问卷结果分析		您的工作属于哪一类？			
		初级分析师	高级分析师	管理核心层	管理中层
	0～100 元	37	22	9	36
您愿意购买多少元的SSBI教材？	100～200 元	25	10	10	8
	只看免费	27	16	14	12
	只要有价值，价格不敏感	13	15	2	12

图 9.1.1

案例数据说明：

在本节案例中，使用了以下 3 张表：

（1）客户调研事实表：记录所有返回的调查问卷的答案。

（2）客户表：记录客户信息。

（3）答案问题表：定义调查问卷的问题与答案。

图 9.1.2 所示的为客户调研事实表，其中记录了客户关于某个问题返回的答案。例如，客户 480 对于问题 1（您愿意购买多少元的 SSBI 教材？）选择答案 6（100～200 元）。

	A	B	C
1	客户ID	问题ID	答案ID
2	480	1	6
3	464	1	6
4	456	1	6
5	336	1	6
6	217	1	6

图 9.1.2

9.1.1 在 Tableau 中的实现步骤

在 Tableau 中的解题思路：

（1）将原生表转换为宽表，并将其导出。

（2）对导出表进行数据清洗，使不同问题变为不同字段。

（3）重新生成新的数据集。

（4）用矩阵图生成可视化结果。

在 Tableau 中打开数据文件。通过【客户 ID】和【问题 ID】字段将数据中的 3 张表进行关联，如图 9.1.3 所示。

客户调研事实表

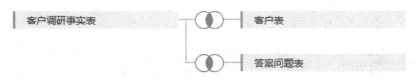

图 9.1.3

此时的可视化效果并不理想，仅能列出答案的分布情况，却无法实现问题 1 的答案与问题 2 的答案的合并，如图 9.1.4 所示。

问题的关键在于问题 1 和问题 2 都处于同一列，Tableau 无法对同一列数据进行并集操作。

解决的方法是将问题列拆分为两个独立的列，然后进行并集操作，最后得出结果。在 Tableau Desktop 中没有完成以上操作的功能，我们需要通过 Tableau Prep 协助完成，但 Tableau Prep 的目前版本仅支持单文件输出，所以我们要将需要处理的数据先整合到一张表中，也就是转换为宽表。

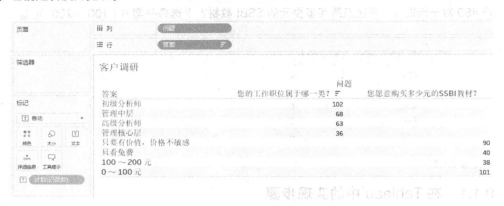

图 9.1.4

先将必要的字段放入【行】中，排列完成后复制该表，如图 9.1.5 所示。

客户调研宽表

客户ID	性别	问题ID (答案..	问题	答案ID (答案..	答案	
2	女	1	您愿意购买元价格的SSBI..	7	只看免费	1
		2	您的工作职位属于哪一类?	5	高级分析师	1
19	男	1	您愿意购买元价格的SSBI..	5	0到100元	1
		2	您的工作职位属于哪一类?	4	管理中层	1
21	男	1	您愿意购买元价格的SSBI..	5	0到100元	1
		2	您的工作职位属于哪一类?	4	管理中层	1

图 9.1.5

打开 Excel，将复制的内容粘贴在 Excel 中（字段顺序会发生变化，但不影响使用），宽表制作完成。将文件保存为 CSV 格式（Tableau Prep 不支持 Excel 格式的文件），如图 9.1.6 所示。

	A	B	C	D	E	F	G
1	客户ID	性别	答案	答案ID (答案问题表)	问题	问题ID (答案问题表)	记录数
2	2	女	高级分析师	2	您的工作职位属于哪一类?	2	1
3	2	女	只看免费	7	您愿意购买多少元的SSBI教材?	1	1
4	19	男	0 ～ 100元	5	您愿意购买多少元的SSBI教材?	1	1
5	19	男	管理中层	4	您的工作职位属于哪一类?	2	1
6	21	男	0 ～ 100元	5	您愿意购买多少元的SSBI教材?	1	1
7	21	男	管理中层	4	您的工作职位属于哪一类?	2	1
8	22	女	高级分析师	2	您的工作职位属于哪一类?	2	1

图 9.1.6

在 Tableau Prep 中准备数据。启动 Tableau Prep，打开该文件。单击表图标旁的 "+" 按钮，添加一个【步骤】图标。单击【步骤】图标，将其命名为【问题 1】。用鼠标右击下方数据展示区中的【问题 ID】字段，在弹出的快捷菜单中只保留问题 ID=1 的记录，如图 9.1.7

所示。为了方便理解，分别将原来的字段【问题】、【答案】改为【问题 1】、【答案 1】。

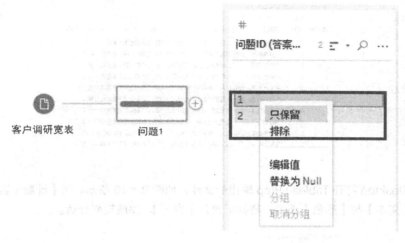

图 9.1.7

继续单击表图标旁的"+"按钮，添加一个【分支】图标，然后按照之前的操作仅保留问题 ID=2 的记录。同样，将字段【问题】、【答案】分别命名为【问题 2】、【答案 2】，如图 9.1.8 所示。此时 Tableau Prep 会记录下数据准备步骤供我们查找与修改。

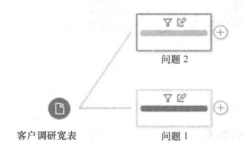

图 9.1.8

将【问题 1】图标拖曳到【问题 2】图标附近的【联接】框内，使其高亮显示，松开鼠标左键完成联接。在联接设置中选择用于联接的字段为【客户 ID】。到此我们已经完成了将列转为行的基本操作。

继续添加步骤并命名为【删除冗余字段】。将不需要的冗余字段全部移除，添加【输出】图标，并设置输出的文件位置和类型。单击【执行】按钮，完成输出 CSV 或 Excel 文件，如图 9.1.9 所示。

图 9.1.9

用 Tableau Desktop 打开 Tableau Prep 输出的文件,如图 9.1.10 所示,将【计数(客户ID)】字段放入【文本】与【颜色】卡中,将标记改为【方形】,完成矩阵分析。

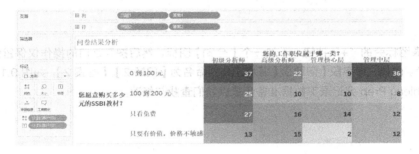

图 9.1.10

9.1.2 在 Power BI 中的实现步骤

在 Power BI 中的解题思路:

(1)复制答案问题表,使模型中共有两张参数表。

(2)将参数表与事实表关联。

(3)输入 DAX 公式,返回问题 1 与问题 2 相关的客户数量。

在 Power BI 中除可以参照在 Tableau 中的方式将列转为行,还可以依据 DAX 自身的特性进行简化分析。

导入数据文件,参照在 Tableau 中的操作,修改表名称和字段名称,如图 9.1.11 所示。

创建新表,并在其中输入公式:

答案问题表 2 = '答案问题表 1'

此步操作的作用为复制列，如图 9.1.12 所示。

图 9.1.11   图 9.1.12

建立表与表的关联：事实表与两张问题答案表之间为虚线联接，将两张问题答案表充当筛选器，如图 9.1.13 所示。

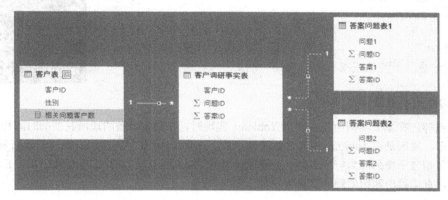

图 9.1.13

创建度量值【相关问题客户数】，其公式为：

```
CALCULATE (
     COUNTA ( '客户表'[客户 ID] ),
     CALCULATETABLE (
          '客户调研事实表',
          USERELATIONSHIP ( '客户调研事实表'[答案 ID], '答案问题表 1'[答
案 ID] )),
          CALCULATETABLE (
          '客户调研事实表',
          USERELATIONSHIP ( '客户调研事实表'[答案 ID], '答案问题表 2'[答
案 ID] ) )
     )
```

上述公式的逻辑为：内层的两个 CALCULATETABLE 函数通过 USERE LATIONSHIP 函数返回【客户调研事实表】的相关部分，其中返回的交集又被当作外层 CALCULATE 函数的筛选条件。

最后使用矩阵图展示问题的相关性。可以选择【条件格式】→【数据条】命令，优化可视化图形，如图 9.1.14 所示。

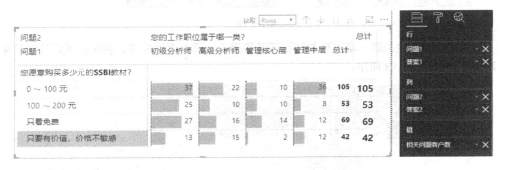

图 9.1.14

彼得点评：在本节实例中，在使用 Tableau 实现时，在数据准备阶段所花费的时间和精力会比较多，原因是在 Tableau 中无法创建动态表。在 Power BI 中实现时，通过创建新表，直接完成了相当于将列转为行的工作；再通过灵活的 CALCULATETABLE 与 CALCULATE 函数的组合，直接得出两组问题的交集客户数。

9.2　第 28 招：篮子分析

商业场景：篮子分析用于分析与某个事物有关联的其他事物。例如，在同一个订单中，用户购买了装订机（商品 A），同时还购买了其他商品，如图 9.2.1 所示。通过篮子分析会得出该订单中其他商品的信息，从而指导商业决策。著名的"啤酒和尿布"的故事就是篮子分析的实例。图 9.2.2 所示的为本节实例的最终可视化结果。

订单 ID	订单日期	发货日期	产品 ID	类别	子类别	产品名称
CN-2015-1070056	2015/9/23	2015/9/28	家具-用具-10002926	家具	用具	Deflect-O 分层置放架, 一包
CN-2015-1070056	2015/9/23	2015/9/28	家具-椅子-10002321	家具	椅子	Novimex 椅垫, 可调
CN-2015-1070056	2015/9/23	2015/9/28	办公用-收纳-10002846	办公用品	收纳具	Rogers 搁板, 工业
CN-2015-1070056	2015/9/23	2015/9/28	办公用-收纳-10004334	办公用品	收纳具	Rogers 锁柜, 蓝色
CN-2015-1070056	2015/9/23	2015/9/28	办公用-系固-10000591	办公用品	系固件	Stockwell 图钉, 整包
CN-2015-1070056	2015/9/23	2015/9/28	办公用-器具-10003676	办公用品	器具	Hoover 烤面包机, 红色
CN-2015-1070056	2015/9/23	2015/9/28	办公用-收纳-10001197	办公用品	收纳具	Eldon 锁柜, 单宽度
CN-2015-1070056	2015/9/23	2015/9/28	办公用-装订-10002960	办公用品	装订机	Acco 孔加固材料, 耐用
CN-2015-1070056	2015/9/23	2015/9/28	办公用-装订-10002552	办公用品	装订机	Wilson Jones 装订机, 回收
CN-2015-1070056	2015/9/23	2015/9/28	办公用-标签-10000859	办公用品	标签	Hon 合法证物标签, 白色
CN-2015-1070056	2015/9/23	2015/9/28	办公用-信封-10004446	办公用品	信封	Jiffy 马尼拉纸信封, 银色

图 9.2.1

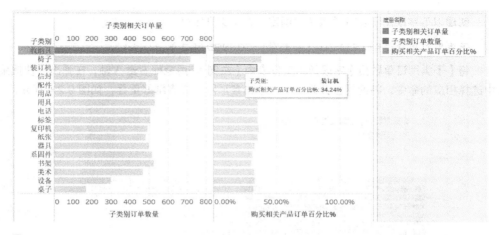

图 9.2.2

可视化实现：堆积条形图或表。无论是堆积条形图还是表，都适合显示篮子分析的结果。

解题思路：

（1）复制产品表作为商品输入表。

（2）依据商品找出相关的订单。

（3）依据订单找出该订单中所包含的其余商品。

9.2.1　在 Tableau 中的实现步骤

在 Tableau 中打开数据文件。创建图表，以【子类别】为【行】，以【订单 ID】为【列】，按订单数量排序，并设置【订单 ID】计数方式，如图 9.2.3 所示。

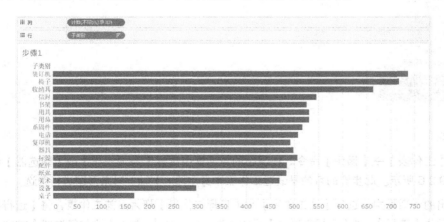

图 9.2.3

创建以下字段用于将订单数量"固定"在子类别维度上。

子类别订单数量={ FIXED [子类别]:COUNTD([订单 ID]) }

将【子类别订单数量】字段放入工作表中（左侧）。用鼠标右击 X 轴，在弹出的快捷菜单中选择相应的命令，将两列合并为一列，单击条形图，二者刚好重叠，如图 9.2.4 所示。

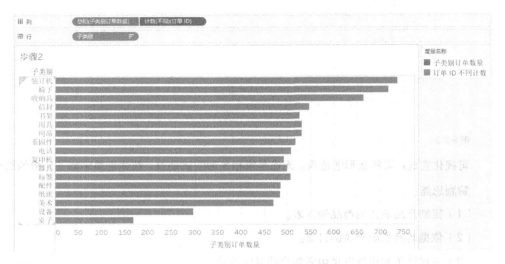

图 9.2.4

将【订单 ID】放入【详细信息】卡中，目的是为了随后的筛选所用，如图 9.2.5 所示。

图 9.2.5

选择【工作表】→【操作】命令。在弹出的对话框中选择【添加操作】→【筛选器】命令，如图 9.2.6 所示。此步骤的目的是通过工作表本身字段（Y 轴）对条形图进行筛选。

在弹出的对话框中，选择【源工作表】和【目标工作表】都为当前工作表，将【运行操作方式】设为【选择】，将【目标筛选器】设为【选定的字段】，单击【添加筛选器】按钮，如图 9.2.7 所示。

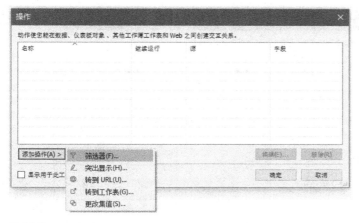

图 9.2.6

在弹出的对话框中，将【源】和【目标】字段都设为【订单 ID】，完成在同一个工作表中进行自我筛选的设置，如图 9.2.8 所示。

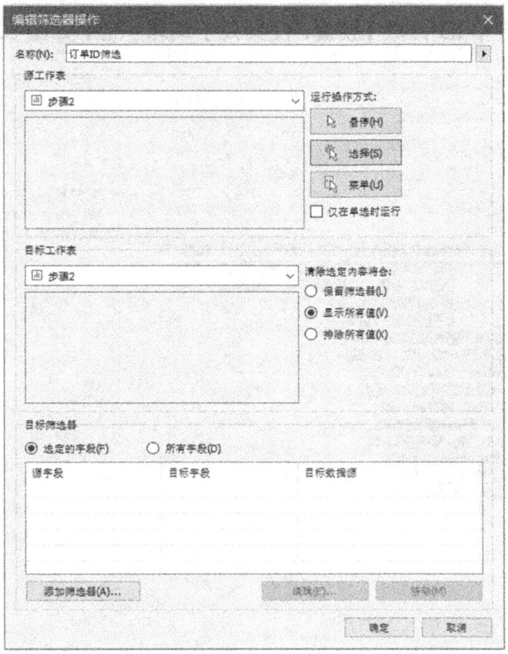

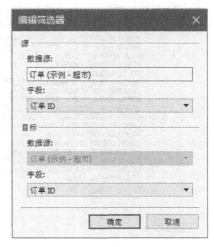

图 9.2.7

图 9.2.8

依次单击【确定】按钮完成筛选设置，如图 9.2.9 所示（注意，如果之前没有将【订单 ID】添加到【详细信息】卡中，则会出现缺少字段报错）。

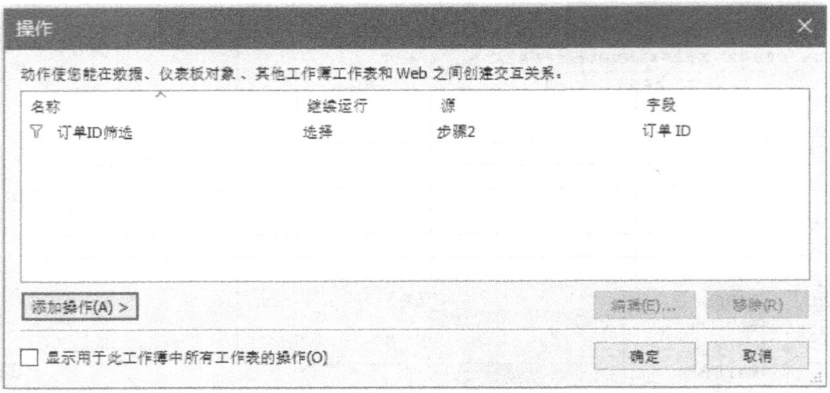

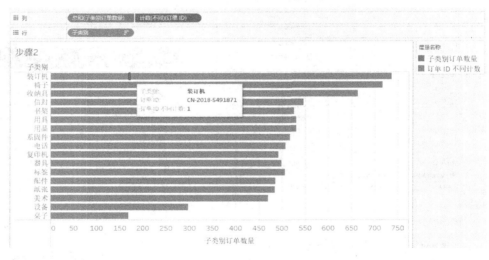

图 9.2.9

单击 Y 轴中任意子类别的名称，可以看到筛选后的结果，在【列】中合并胶囊的右侧部分为包含子类产品的订单数量。因为【详细信息】里有【订单 ID】字段，所以条形图中的值为依据每个订单 ID 的计数，而不是整个子类别的相关订单总数，如图 9.2.10 所示。

此处再次需要使用 LOD 函数。双击【订单 ID 计数】胶囊，使其处于编辑状态，如图 9.2.11 所示。

图 9.2.10

图 9.2.11

将其替换为：{ EXCLUDE [订单 ID]:COUNTD([订单 ID])}，按 Enter 键完成。

选择【分析】→【堆叠标记】命令，将其关闭，如图 9.2.12 所示。

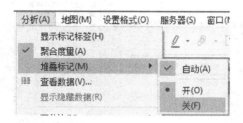

图 9.2.12

此时，计数结果为依据子类别而不是订单 ID，如图 9.2.13 所示。

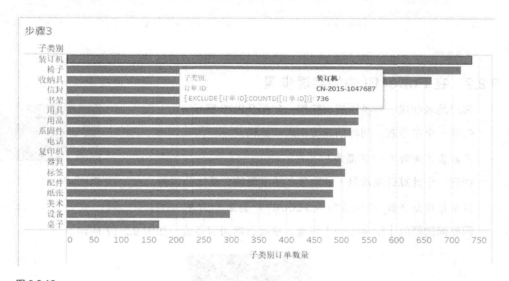

图 9.2.13

将修改的胶囊拖到度量区中，生成度量值，并改为更为友好的名字，如图 9.2.14 所示。

=# 子类别相关订单量

图 9.2.14

创建计算字段【购买相关产品订单百分比%】：

购买相关产品订单百分比% =[子类别相关订单量]/[子类别订单数量]

调整格式为百分比，将【购买相关产品订单百分比%】字段放入【列】中，再单击 *Y* 轴中的字段，最终结果如图 9.2.15 所示。

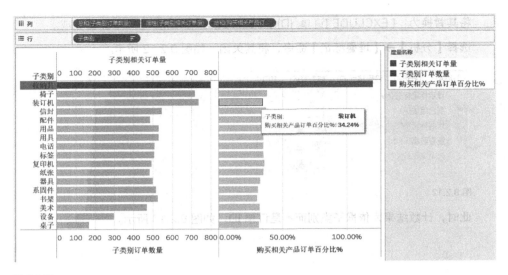

图 9.2.15

9.2.2　在 Power BI 中的实现步骤

为产品表创建一个类别层次结构，如图 9.2.16 所示。

创建一个参数表，同样创建类别层次结构：

产品表（参数）='产品表'

创建一个计算订单数量（非重复）的度量值，具体公式为：

图 9.2.16

订单非重复计数 = DISTINCTCOUNT('订单'[订单 ID])

调整筛选器的【Selection】设置，使筛选器为可多选，如图 9.2.17 所示。

图 9.2.17

接下来是传递参数。可能有的读者马上想到使用 SELECTEDVALUE 函数，因为之前的案例都使用它来传递参数，但该函数仅用于单值传递，如图 9.2.18 所示。

所选值 1 = SELECTEDVALUE（'产品表（参数）'[产品名称]）

图 9.2.18

因此，我们需要运用其他函数传递参数，这里可以使用 ALLSELECTED 函数。下面的公式利用 ALLSELECTED 函数，筛选含有所选产品的表，如图 9.2.19 所示。

所选产品订单数 = CALCULATE（[订单非重复计数]，'订单'[产品名称] IN ALLSELECTED（'产品表（参数）'[产品名称]））

类别	子类别	产品名称	所选产品订单数
办公用品	标签	Avery 合法证物标签, 白色	4
办公用品	标签	Avery 合法证物标签, 红色	5
办公用品	标签	Avery 合法证物标签, 可调	2
办公用品	标签	Avery 合法证物标签, 耐用	7
办公用品	标签	Avery 可去除的标签, 白色	7
总计			25

类别
☑ Select All
◢ ☑ 办公用品
  ◢ ☑ 标签
    ☑ Avery 合法证物标签, 白色
    ☑ Avery 合法证物标签, 红色
    ☑ Avery 合法证物标签, 可调
    ☑ Avery 合法证物标签, 耐用
    ☑ Avery 可去除的标签, 白色
    ☐ Avery 可去除的标签, 红色
    ☐ Avery 可去除的标签, 可调
    ☐ Avery 可去除的标签, 耐用
    ☐ Avery 文件夹标签, 白色
    ☐ Avery 文件夹标签, 红色
    ☐ Avery 文件夹标签, 可调

图 9.2.19

下一步是关键的一步，得出所选产品订单中包括的其他产品，创建以下度量值，公式如下：

所选产品相关订单 = CALCULATE （[订单非重复计数]，

    CALCULATETABLE （

        SUMMARIZE （'订单'，'订单'[订单 ID]），ALL('产品表'），

        '订单'[产品名称] in ALLSELECTED（'产品表（参数）'[产品名称]））

其中的 SUMMARIZE 函数是依据【订单】表返回所有订单的表，后面的 ALL 和 in ALLSELECTED 语句是为 SUMMARIZE 函数返回筛选条件。将【所选产品相关订单】、【订单非重复计数】（改名为【所有订单数】）字段放入表中，如图 9.2.20 所示。

类别	子类别	产品名称	所选产品订单数	所选产品相关订单	所有订单数
办公用品	标签	Avery 合法证物标签, 红色	5	5	5
办公用品	标签	Avery 合法证物标签, 白色	4	4	4
办公用品	标签	Avery 文件夹标签, 可调	4	4	3
办公用品	标签	Harbour Creations 文件夹标签, 耐用	1	1	3
办公用品	标签	Smead 可去除的标签, 耐用	1	1	6
办公用品	美术	Binney & Smith 速写本, 整包	1	1	1
办公用品	器具	Hamilton Beach 炉灶, 白色	1	1	1
办公用品	器具	Hamilton Beach 微波炉, 银色	1	1	3
办公用品	器具	Hoover 搅拌机, 银色	1	1	1
办公用品	器具	Hoover 烤面包机, 黑色	1	1	7
办公用品	器具	Hoover 炉灶, 红色	1	1	6
办公用品	器具	Hoover 微波炉, 白色	1	1	1
办公用品	收纳具	Eldon 文件车, 工业	1	1	6
总计			13	13	2773

图 9.2.20

到此已经完成篮子分析中最重要的部分。以下是对篮子分析的延伸分析。创建以下两个度量值，并添加到表中，如图 9.2.21 所示。

相关订单占比% = DIVIDE([所选产品相关订单],[订单非重复计数])

不包含所选产品的订单=[订单非重复计数] - [所选产品相关订单])

子类别	产品名称	所选产品订单数	所选产品相关订单	所有订单数	相关订单占比%	不包含所选产品的订单
标签	Avery 合法证物标签, 红色	5	5	5	100.00%	0
标签	Avery 合法证物标签, 可调	2	2	2	100.00%	0
标签	Avery 合法证物标签, 耐用	7	7	7	100.00%	0
器具	Hoover 微波炉, 白色	1	1	1	100.00%	0
桌子	Hon 木桌, 黑色	1	1	1	100.00%	0
用品	Stiletto 尺子, 钢	1	1	2	50.00%	1
设备	StarTech 打印机, 白色	1	1	2	50.00%	1
书架	Bush 古典书架, 黑色	1	1	2	50.00%	1
用具	Advantus 闹钟, 黑色	1	1	2	50.00%	1
用具	Deflect-O 闹钟, 耐用	1	1	2	50.00%	1
椅子	Hon 扶手椅, 红色	1	2	5	40.00%	3
标签	Harbour Creations 文件夹标签, 耐用	1	1	3	33.33%	2
信封	Ames 邮寄品, 每套 50 个	1	1	3	33.33%	2
信封	GlobeWeis 外皮和封条, 红色	1	1	3	33.33%	2
标签	Avery 可去除的标签, 可调	1	1	4	25.00%	3
美术	Sanford 铅笔刀, 混合尺寸	1	1	4	25.00%	3
		14	14	2773	0.50%	2759

图 9.2.21

除对产品进行篮子分析外，还可以对客户进行篮子分析，原理相似，仅仅是将【产品名称】变成了【客户 ID】，创建以下度量值：

购买客户人数 = DISTINCTCOUNT('客户表'[客户 ID])

同时购买该产品人数=CALCULATE（[购买客户人数],

　　CALCULATETABLE（

　　　　SUMMARIZE（'订单', '订单'[客户 ID]），ALL('产品表')，

　　　　'订单'[产品名称] in ALLSELECTED('产品表（参数）'[产品名称])

））

客户购买相关产品比率% = DIVIDE（[同时购买该产品人数], [购买客户人数]）

无购买此产品用户数= [购买客户人数]-[同时购买该产品人数]

最终结果如图 9.2.22 所示。有的读者可能会觉得这里显示的内容过于密集，不够友好。下面介绍一种方法，使显示效果更加人性化。

类别	子类别	产品名称	购买客户人数	同时购买该产品人数	无购买此产品用户数
办公用品	标签	Avery 合法证物标签, 白色	4	4	0
办公用品	用品	Acme 美工刀, 蓝色	6	2	4
办公用品	纸张	Eaton 羊皮纸, 优质	7	2	5
技术	电话	诺基亚 信号增强器, 整包	5	2	3
办公用品	标签	Harbour Creations 文件夹标签, 白色	4	1	3
办公用品	标签	Hon 文件夹标签, 白色	4	1	3
办公用品	标签	Novimex 运输标签, 红色	8	1	7
办公用品	标签	Smead 有色标签, 可调	6	1	5
办公用品	器具	Breville 搅拌机, 银色	4	1	3
办公用品	器具	Breville 咖啡研磨机, 红色	4	1	3
办公用品	器具	Hamilton Beach 炉灶, 白色	6	1	5
办公用品	器具	Hoover 冰箱, 银色	5	1	4
办公用品	器具	Hoover 咖啡研磨机, 红色	3	1	2
办公用品	器具	Hoover 搅拌机, 黑色			
总计			790	4	786

图 9.2.22

将【表】转换为【矩阵模式】，使层级具有上/下钻功能，如图 9.2.23 所示。

类别	购买客户人数	同时购买该产品人数	无购买此产品用户数
办公用品	784	4	780
标签	365	4	361
信封	409	4	405
用品	405	4	401
纸张	375	4	371
装订机	516	4	512
器具	380	3	377
收纳具	494	3	491
系固件	400	2	398
美术	371		371
技术	695	4	691
复印机	395	4	391
配件	374		370
电话	391	3	388
总计	790	4	786

图 9.2.23

单击图表的格式设置按钮，在【行标题】中找到以下 3 个设置，如图 9.2.24 所示。

【渐变布局】：将此设置关闭后，下面的层级会自动分列，类似 Excel 的透视表。

【渐变布局缩进】：子级别会向左缩进，更有层次感。

【+/−图标】：为层级增加"+"/"−"号标志，用于下钻/上钻。

图 9.2.25 所示的为设置了渐变布局缩进和开启+/−图标模式的效果。

图 9.2.24

类别		购买客户人数	同时购买该产品人数	无购买此产品用户数
⊞	信封	409	4	405
⊞	用品	405	4	401
⊞	纸张	375	4	371
⊞	装订机	516	4	512
⊞	器具	380	3	377
⊞	收纳具	494	3	491
⊞	系固件	400	2	398
⊞	美术	371		371
⊟	**技术**	**695**	**4**	**691**
	复印机	395	4	391
⊞	配件	374	4	370
⊞	电话	391	3	388
⊞	设备	265	3	262
	总计	**790**	**4**	**786**

图 9.2.25

彼得点评：篮子分析为商业分析提供了极有价值的数据洞察。在 Tableau 中是通过 EXCLUDE 函数和工作表筛选完成分析的。在 Power BI 中，使用 DAX 公式不仅可以传递单值参数，还可以传递多值参数，其中 IN ALLSELECTED 公式是关键。另外，通过 SUMMARIZE 函数配合筛选条件可返回相关的订单。

第 10 章
综合示例

本章案例为结合前文介绍的各种分析方法的综合案例，实现难度比之前的案例有所增加。

10.1 第 29 招：客户最大消费额与平均消费额分析

商业场景：在商业分析中，除了通过汇总与求平均值的方式可以洞察商业绩效，还可以通过求最大（最小）值，洞察数据背后潜在的机遇与挑战。图 10.1.1 所示的为某地区最大单笔消费额与平均消费额的对比（详细图例请参考"BI 使徒"公众号上的有关文章）。

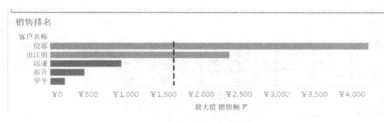

图 10.1.1

可视化实现：地图和条形图组合。地图用于作为地区筛选器，条形图用于显示更加详尽的信息。

解题思路：

（1）创建各客户最大单笔消费额分布地图。

（2）创建消费额排名。

10.1.1 在 Tableau 中的实现步骤

创建以下计算字段，依据【客户名称】字段得出最大单笔消费额：

客户最大笔消费 = {INCLUDE [客户名称]:MAX([销售额])}

将【销售额】与【客户名称】字段分别放入【列】与【行】中。将【客户最大笔消费】字段放入【颜色】卡中，将【度量】设为【平均值】，如图 10.1.2 和图 10.1.3 所示。

图 10.1.2   图 10.1.3

创建一张新工作表，以【最大（销售额）】字段（表示最大单笔销售额）为排名依据，这里的最大值可以直接通过胶囊的下拉菜单设置，如图 10.1.4 所示。

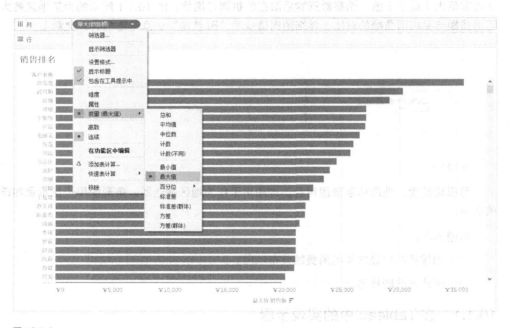

图 10.1.4

为了区分最大单笔消费额是否高于最大单笔消费额的平均值，创建以下度量值：

高于平均值= MAX（[销售额]）>WINDOW_AVG(MAX([销售额]))

创建一条参考线，将其值设为【最大（销售额）】字段的平均值，如图 10.1.5 所示。

图 10.1.5

将【高于平均值】字段其放入【颜色】卡内，如图 10.1.6 所示。

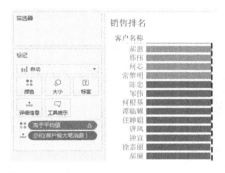

图 10.1.6

最后创建仪表板，将两张工作表放入其中，并完成筛选设置。

10.1.2 在 Power BI 中的实现步骤

首先创建度量值【最大笔消费】：

最大笔消费 = MAX('订单'[销售额])

DAX 中没有 INCLUDE 函数，但使用 AVERAGEX 与 ALL 函数组合仍然可以达到同样的功能。创建度量值【最大笔消费平均值】：

最大笔消费平均值 = AVERAGEX(ALL('订单'[客户名称]),[最大笔消费])

将【最大笔消费平均值】度量值放入气泡图中。

排名条形图的设计并不复杂，用户可在【图形】栏中的【分析】选项框中添加各种辅助线，如图 10.1.7 所示。

图 10.1.7

选择【格式】→【数据颜色】命令，在打开的对话框中用色阶区分最低值、最高值和中间值，如图 10.1.8 所示。

图 10.1.8

完成后的分析结果如图 10.1.9 所示。

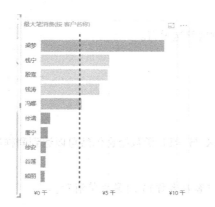

图 10.1.9

彼得点评：本节实例中有两张图表：地图与最大消费排名柱形图，通过在地图中筛选柱形图，可以得出更加详细的洞察。在 Tableau 中使用 INCLUDE 函数得出客户的最大单笔消费额，在 Power BI 中使用的是 ALL 系列函数（本节案例中涉及地图的截图可在作者的公众号中查看）。

10.2　第 30 招：动态历史变化趋势分析

商业场景：散点图用于从多个维度呈现事物之间的关系，例如，数值大小、时间轴等维度。

图 10.2.1 所示的是本节案例要呈现的效果，即分析世界人口变化。其中所用的数据来自世界银行（data.worldbank.org）。

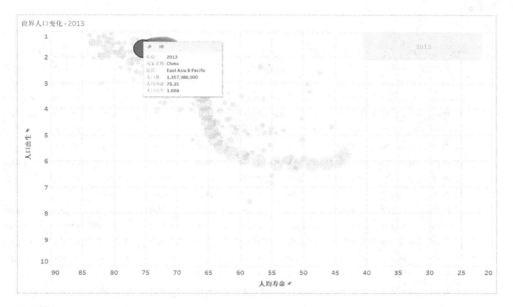

图 10.2.1

解题思路：

（1）整理数据，进行逆透视。

（2）用【人均寿命】作为 X 轴。

（3）用【人口出生率】作为 Y 轴。

（4）用图形大小区分人口数量。

（5）用颜色区分地区/国家。

（6）用时间作为播放轴。

10.2.1 在 Tableau 中的实现步骤

在 Tableau 中导入【人口数量】数据表，此时发现原有数据的格式不能被直接使用，原因是其中的【年份】是作为列字段存在的，如图 10.2.2 所示。

Abc	Abc	Abc	Abc	#	#	#	#	#	#
人口数量	人口和量	人口数量	人口数量	人口数量	人口数量	人口数量	人口数量	人口数量	人口数量
国家名称	国家代码	指标名称	指标代码	1960	1961	1962	1963	1964	1965

图 10.2.2

我们必须要将数据表转换为更加"平"的表，即减少维度。在按住 Ctrl 键的同时用鼠标选取要调整的字段，然后用鼠标右击，在弹出的快捷菜单中选择【转置】命令，如图 10.2.3 所示。

#	#	#	#	#	#	#	#	#	#
人口数量	人口数量	人口数量	人口数量	人口数量	人口数量	人口数量	人口数量	人口数量	人口数量
2004	2005	2006	2007	2008	2009	2010	2011	2012	2013
98,742	100,031	100,830	10		101,416	101,597	101,936	102,393	102,921
78,337	81,223	83,373	8		85,474	84,419	82,326	79,316	75,902
23,499,850	24,399,948	25,183,615	25,87		27,207,291	27,962,207	28,809,167	29,726,803	30,682,500
17,295,500	17,912,942	18,541,467	19,18		20,520,103	21,219,954	21,942,296	22,685,632	23,448,202
3,026,939	3,011,487	2,992,547	2,97		2,927,519	2,913,021	2,904,780	2,900,489	2,897,366
3,975,945	4,481,976	5,171,255	6,010,100	6,900,142	7,705,423	8,329,453	8,734,722	8,952,542	9,039,978
38,728,778	39,145,491	39,558,750	39,969,903	40,381,860	40,798,641	41,222,875	41,655,616	42,095,224	42,538,304
3,025,982	3,014,917	3,002,161	2,988,117	2,975,029	2,966,108	2,963,496	2,967,984	2,978,339	2,992,192
59,262	59,117	58,648	57,904	57,031	56,226	55,636	55,316	55,227	55,302
81,718	82,565	83,467	84,397	85,350	86,300	87,233	88,152	89,069	89,985
20,127,400	20,394,800	20,697,900	20,827,600	21,249,200	21,691,700	22,031,750	22,340,024	22,728,254	23,125,868
8,171,966	8,227,829	8,268,641	8,295,487	8,321,496	8,343,323	8,363,404	8,391,643	8,429,991	8,479,375
8,306,500	8,391,850	8,484,550	8,581,300	8,763,400	8,947,243	9,054,332	9,173,082	9,295,784	9,416,801
7,661,613	7,934,213	8,218,070	8,514,578	8,821,795	9,137,786	9,461,117	9,790,151	10,124,572	10,465,959
10.421.137	10.478.617	10.547.958	10.625.700	10.709.973	10.796.493	10.920.272	11.047.744	11.128.246	11.182.817

菜单：重命名 / 复制值 / 隐藏 / 创建计算字段… / 转置 / 合并不匹配的字段

图 10.2.3

将转换完成的列重新命名，如图 10.2.4 所示。

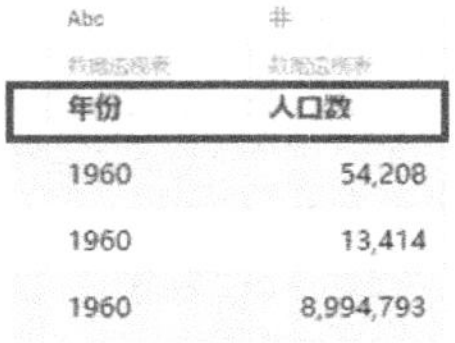

Abc	#
转换后现表	转换后现表
年份	人口数
1960	54,208
1960	13,414
1960	8,994,793

图 10.2.4

接着下来，添加其他的数据表。单击【数据】→【新建数据源】命令，如图 10.2.5 所示。再次选择相同的文件，参照以上操作方式，将【出生率】和【人均寿命】也进行相同的操作。最后，将【国家】表也添加至数据源中。

选择【出生率】表，此时，数据源中有两张【出生率】表，如图 10.2.6 所示。

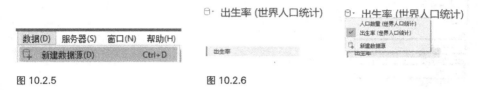

图 10.2.5　　　　　　　　　　图 10.2.6

提示：在 Tableau 中，一个数据源中只有一张中心事实表。在本案例的 Excel 文件中存在着多个事实表，因此将它们添加至数据源的方式是【新建数据源】。

回到工作表中，可以看到表中有 4 个数据源，如图 10.2.7 所示。此处联接各表成为大表的方式不再适用，我们需要使用【混合】方式。

图 10.2.7

将【人口数量】表中的【人口数】字段放入【大小】卡中，然后切换到【人均寿命】表中，将【人均寿命】字段放入【列】中。此时会弹出警告对话框，提示无法建立二者的关系，如图 10.2.8 所示。

图 10.2.8

这是因为两表之间的维度需要再次通过手动建立，单击【年份】和【国家代码】维度后面的建立联接标志，建立关系联接。对其他的表也进行相应的操作。注意，【人口数量】表作为主表，其标签颜色与其他表有差别，如图 10.2.9 所示。

图 10.2.9

继续将【地区】字段放入【颜色】卡，将【人口出生】字段放入【行】中，如图 10.2.10 所示。

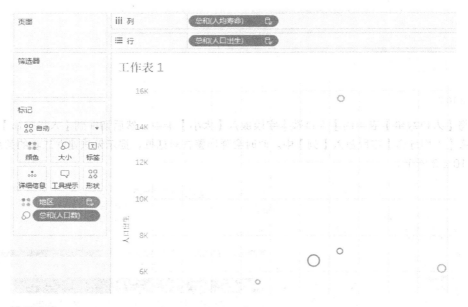

图 10.2.10

选择【标记】卡中的图形为【圆】并将图设为实心圆。将【国家】表中的【国家名称】字段放入【详细信息】卡中，国家个体会根据所在的地区以不同的颜色呈现。对于一些人口过少的国家，其对应的圆形面积过小，显示效果不佳。单击右侧的人口数量图例的下拉菜单，在其中选择【编辑大小】命令，在弹出的对话框中的【大小变化】列表框中选择【按范围】选项，适当调整圆形面积，如图 10.2.11 所示。

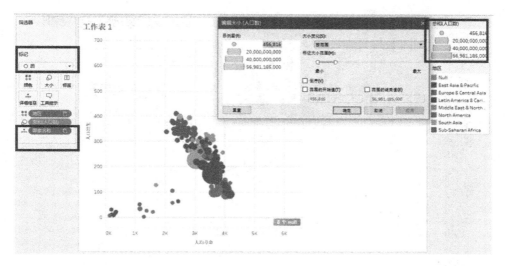

图 10.2.11

注意，此时的 Y 轴（人口出生）和 X 轴（人均寿命）皆为数据集中所有年份的求和值，所以数值特别大。要解决此问题，只需将【年份】字段放入筛选器中，筛选单独的年份。此时 X 轴和 Y 轴的数值显示正常。因为在图中许多圆形重叠了，这里单击【颜色】卡，在弹出的窗口中调整【不透明度】，使圆形不被完全遮盖，如图 10.2.12 所示。

图 10.2.12

双击 Y 轴，在弹出的对话框中将 Y 轴的范围改为【固定】，然后设置区间为 $1 \sim 9$，使散点分布更为均匀，将【比例】设为倒序，如图 10.2.13 所示。同理，对 X 轴也进行相应的处理。此时图表中含有一部分值为 NULL（空）的圆形，这是由于数据缺失造成的，单击将其筛选掉。

动画制作：将【年份】胶囊从筛选器中移动至【页面】卡中，如图 10.2.14 所示，在工作表中会立即出现播放器。单击播放器中的前进标志，可播放世界人口的年变化情况。

此时的效果如图 10.2.15 所示，除动画效果非常炫酷外，我们可以从数据中观察中国 1960—2013 年的人口变化情况（虚拟数据）。

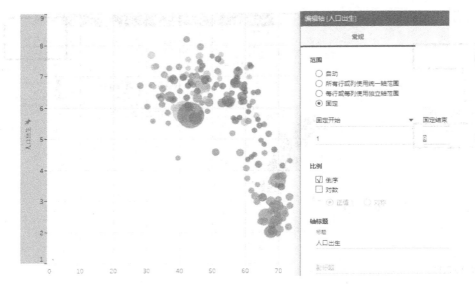

图 10.2.13

图 10.2.14

图 10.2.15

同时，我们也留意到一些大的圆形会覆盖一些较小的圆形，导致小的圆形无法被选中，这时需要调整地区的层级顺序。用鼠标右击【国家】表中的【地区】字段，在弹出的快捷菜单中属性【默认选择】→【排序】命令。在弹出的对话框内，使用手动排序方式，将人口稠密的亚洲区域排在后面，如图 10.2.16 所示。

图 10.2.16

年份显示：为了使年份信息显示更明显，用鼠标右击工作表，在弹出的快捷菜单中选择
【添加注释】→【区域】命令。在弹出的对话框中单击【插入】按钮，插入【页面名称】变量
并调整好，如图 10.2.17 所示。此时页面信息也为动画显示了。

图 10.2.17

显示历史轨迹：通过播放器中的【显示历史记录】选项，如图 10.2.18 所示，可设定数据变
化的历史轨迹，效果如图 10.2.19 所示。

图 10.2.18

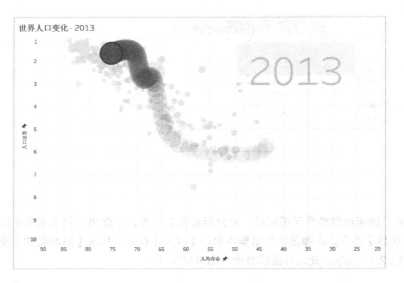

图 10.2.19

提示：在 Tableau 中允许同时显示所有个体的运动轨迹，从而可以让我们发现个体的变化规律，如图 10.2.20 所示。这种可视化效果对计算机内存需求较高，所需的内存与时间长度、个体数量成正比。建议读者多花一些时间体验一下不同选项所实现的不同可视化效果，此处不一一列举了。到此，Tableau 散点图制作完成了。

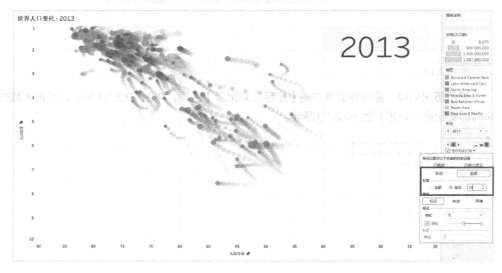

图 10.2.20

10.2.2　在 Power BI 中的实现步骤

创建一个新的 Power BI 文件。在【获取数据】选项中选择源文件并打开，再单击【编辑】命令进入数据清理（Power Query）界面，如图 10.2.21 所示。

图 10.2.21

在该界面下，我们会留意到字段名称发生错位，单击【开始】➞【将第一行用作标题】命令，更正字段名称错位的问题。对于剩余的表格用同样的方法进行处理，如图 10.2.22 所示。

图 10.2.22

接下来介绍两种分析方法。

1. 方法一

单击【关闭并应用】按钮退出编辑模式。单击【建模】➞【新表】命令，建立一张新表。在其中输入公式：

年份 = GENERATESERIES(1960,2013,1)

上述公式生成了一系列整数，还可以动态地使用下面的公式提取【年份】字段的最小值和最大值，前提是确保【年份】字段中的数值被转换为整数类型。

年份 = GENERATESERIES(MIN('人口数量'[年份]),MAX('人口数量'[年份]),1)

回到【数据】视图中，建立维度表与事实表的关联，如图 10.2.23 所示：数据模型中有两张维度表及 3 张事实表。

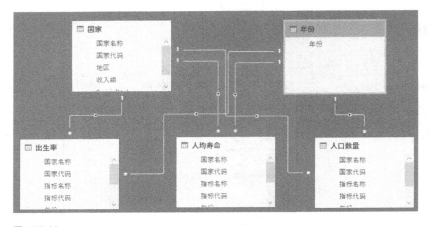

图 10.2.23

选择【散点图】，参照图 10.2.24 配置相应的字段和度量值，得出散点图。

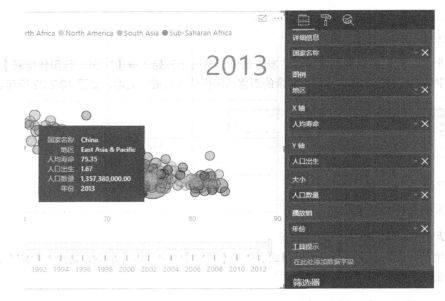

图 10.2.24

单击气泡，可以查找历史变化轨迹。在【格式】的 X 轴、Y 轴选项下可设定【开始】和【结束】的值，如图 10.2.25 所示。

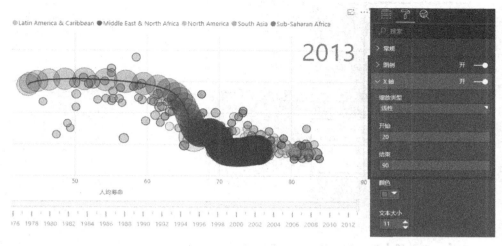

图 10.2.25

在筛选器下，可排除空值的干扰，如图 10.2.26 所示。由于 Power BI 似乎自动将大的气泡放在后端，所以无须对层次顺序进行调整。到此，散点图制作完成。

图 10.2.26

2. 方法二

通过观察可以看到，在该案例中，【人口数量】、【人均寿命】和【出生率】字段都是由【国家名称】和【年份】字段决定的，因此，如果能对比【国家名称】和【年份】这两个字段的值，就可以找到其对应的值。

单击【关闭并应用】按钮退出编辑模式。在【关系】视图下，删除【出生率】和【人均寿命】这两张表与【国家】表的关联。然后分别用鼠标右击这两张表，在弹出的快捷菜单中选择【在报表视图中隐藏】命令，从视图中隐藏这两张表，如图 10.2.27 所示。

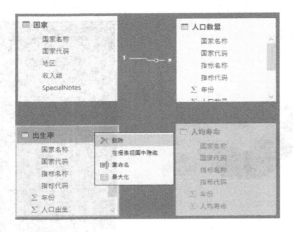

图 10.2.27

在【人口数量】表中依次创建以下两列新列：

人均寿命 = LOOKUPVALUE('人均寿命'[人均寿命],'人均寿命'[国家名称],[国家名称],'人均寿命'[年份],[年份])

人口出生率 = LOOKUPVALUE('出生率'[人口出生],'出生率'[国家名称],[国家名称],'出生率'[年份],[年份])

LOOKUPVALUE 函数有点像 Excel 中的 VLOOKUP 函数，表与表之间无须任何关联就可以直接使用此函数。因为此处需要锁定正确的对应值，所以公式中出现了字段【国家名称】和【年份】，如图 10.2.28 所示。

国家名称	国家代码	指标名称	指标代码	年份	人口数量	人均寿命	人口出生率
Aruba	ABW	Population, total	SP.POP.TOTL	1999	89004	73.68	1.91
Andorra	AND	Population, total	SP.POP.TOTL	1999	64161		
Afghanistan	AFG	Population, total	SP.POP.TOTL	1999	19038420	54.43	7.81
Angola	AGO	Population, total	SP.POP.TOTL	1999	14601983	44.44	6.88
Albania	ALB	Population, total	SP.POP.TOTL	1999	3108778	73.79	2.47

1 人口出生率 = LOOKUPVALUE('出生率'[人口出生],'出生率'[国家名称],[国家名称],'出生率'[年份],[年份])

图 10.2.28

经过以上操作，我们需要的所有值都被集合到【人口数量】表中了，剩下的工作非常简单了，配置散点图即可。

彼得点评：散点图可以展示的信息量很大，因为其展示的维度比一般的图形更多。例如在本节案例的散点图中展示了 5 个维度的信息：人口出生率、人均寿命、人口数量、国家名称、年份。整个案例在 Tableau 中实现时，并没有创建任何的计算字段，但实现的效果非常不错，尤其是历史轨迹功能。而在 Power BI 中实现此案例时使用了 DAX 公式。另外，Power

BI 的 X 轴和 Y 轴无法进行倒序操作，灵活性欠缺一些。

10.3　第 31 招：返回客户分析

商业场景：在前面的案例中演示了新增客户分析，本节案例分析当前时间段中的返回客户。返回客户又被称为老客户，指在当前时间段中非首次购买的客户。返回客户会为企业带来持久的收入来源，是商业分析中的重点分析对象。返回客户指标有助于统计返回客户的人数占比，也可以辅助分析新客户占比。

可视化实现：柱形图。

解题思路：

（1）求出固定时间段内的所有客户。

（2）求出固定时间段内的新客户。

（3）用步骤 1 得出的值减去步骤 2 得出的值，即得出返回客户的数量。

10.3.1　在 Tableau 中的实现步骤

首先创建以下度量值得出客户的初次购买日期，并参照图 10.3.1 设置柱形图。

初次购买日期 = {FIXED [客户 ID]:MIN([订单日期])}

复制图 10.3.1，将之前创建的【初次购买日期】度量值放入【颜色】标签中，将【订单日期】字段放入【列】中，如图 10.3.2 所示。

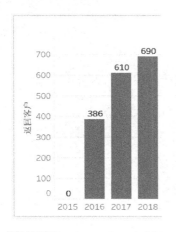
图 10.3.1

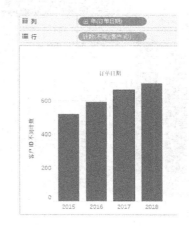
图 10.3.2

在按住 Ctrl 键的同时，单击柱形图中代表客户当年初次购买的日期部分，在弹出的窗口中单击【排除】按钮，如图 10.3.3 所示。

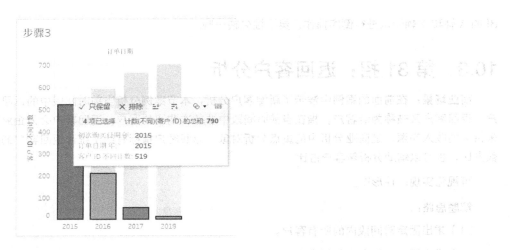

图 10.3.3

移除【颜色】标签，如图 10.3.4 所示，所有的初次购买日期都被排除了。Tableau 的优势在于即使不使用公式仍然可以完成相应的功能。

那么问题来了，以上图表中仅有四条柱形，用手动方式排除我们还能接受。但是如果有更多的柱形，那么是否有自动化的方式呢？因为返回客户的定义为本时间段内非首次购买的客户，同时返回客户的人数计算公式为：

返回客户人数=购买客户人数−初次购买客户人数

图 10.3.4

也就是说，只要能找到购买客户与初次购买客户的人数，即可计算得出返回客户的人数。

在 Tableau 中已有这两个数值，如图 10.3.5 所示，只是 X 轴的字段不同：一个为订单日期，另一个为最初购买日期。是否有方法统一 X 轴的字段呢？

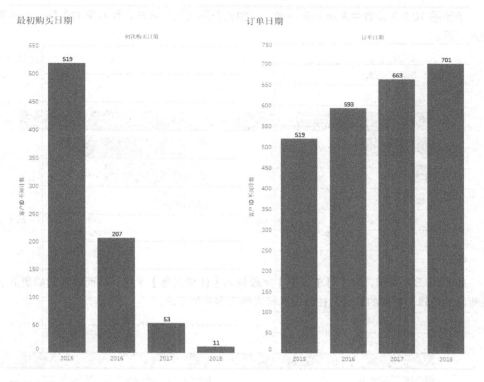

图 10.3.5

此处我们选择使用【初次购买日期】字段作为 *X* 轴，创建以下度量值：

依据订单年的客户不同计数 = { FIXED DATEPART('year', [订单日期]):COUNTD([客户 ID])}

结果如图 10.3.6 所示，新度量值显示正确。

图 10.3.6

参照图 10.3.7 设置度量值和坐标轴，左侧的条形代表新客户，而右侧的条形代表的意义令人困惑。

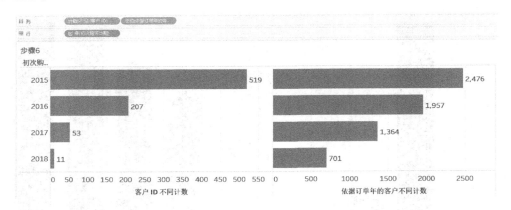

图 10.3.7

如图 10.3.8 所示，将【订单日期】字段放入【详细信息】卡中，从而让我们能更清楚图表背后的逻辑。右侧的数值为往后每年初次购买客户的汇总。

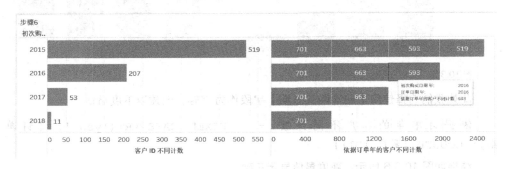

图 10.3.8

创建以下筛选条件公式，并将其放入筛选器中，将值设为 1。

初次购买日与订单日期相等= IF [初次购买日期]=[订单日期] THEN 1 ELSE 0 end

上述筛选条件公式的作用是保留订单年等于初次购买年的客户人数，与图 10.3.5 的右侧一致，即当年购买客户人数。创建新度量值，使购买客户人数与初次购买客户人数相减，结果如图 10.3.9 所示（最右侧）。

返回客户= SUM([依据订单年的客户不同计数])-COUNTD([客户 ID])

单击菜单中的【交换行和列】按钮 🔁，同时仅保留【返回客户】胶囊。

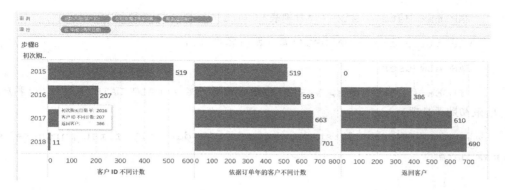

图 10.3.9

10.3.2 在 Power BI 中的实现步骤

在 Power BI 中打开数据文件。

先计算客户总人数,有两种方法。第一种方法是对事实表直接进行不重复计算(见公式1),第二种方法是对维度表进行不重复计算(见公式2)。

公式 1:购买客户非重复计数 1 = DISTINCTCOUNT('订单'[客户 ID])

公式 2:购买客户非重复计数 2 = CALCULATE(DISTINCTCOUNT('客户表'[客户 ID]),'订单')

相比之下,第二种方法更好,因为需要计算的客户数更少。但需要注意公式 2 中的表部分是【订单】事实表,而非维度表本身。这是 DAX 公式非常重要的一个特性,这意味着要将【订单表】与【客户表】关联进行客户 ID 计数。

接着创建【新客户人数】度量值,在之前的实例中,新客户汇总是通过计算列实现的,现在使用度量值的方式实现。该公式是基于图 10.3.10 所示的关系模型。

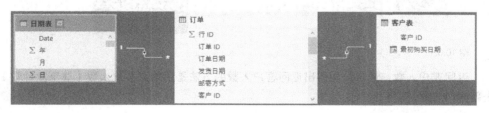

图 10.3.10

OWS (new_users)

新客户人数 =

VAR min_date = MIN('日期表'[Date])

```
VAR max_date = MAX ( '日期表'[Date] )

VAR all_users = VALUES('客户表'[客户 ID])

VAR new users =

FILTER ( all_users, VAR first_purchase = CALCULATE ( MIN( '客户表
'[最初购买日期] ))

        RETURN   first_purchase>= min_date && first_purchase <=
max_date

        )

RETURN

COUNTROWS ( new_users )
```

在上述公式中，使用了 VAR…RETURN 语句（VAR 只接受英文变量名称），目的是提高公式的可读性。其中 new_users 中还嵌套了一个 VAR RETURN 语句，用于返回在日期区间内的客户人数集合表 new_users。最后通过 COUNTROWS 函数对集合计数，如图 10.3.11所示。

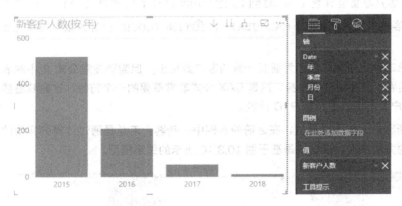

图 10.3.11

返回客户人数：最直接的得出返回客户人数的方法是用购买客户人数（非重复计数）减去新客户人数：

返回客户 1 = [购买客户非重复计数 2]-[新客户人数]

若不想根据新客户人数得出返回客户人数，则可以考虑建立【返回客户 2】度量值。

返回客户 2 =

VAR min_date = MIN ('日期表'[Date])

```
VAR all_customers = VALUES ( '订单'[客户 ID] )

VAR returning =

    FILTER (all_customers,VAR first_purchase =

            CALCULATE ( MIN ( '客户表'[最初购买日期] ) )

        RETURN   first_purchase < min_date

    )

RETURN   COUNTROWS ( returning )
```

【返回客户 2】度量值的计算形式与之前的计算新客户人数的公式相似，其核心部分是：CALCULATE (MIN ('客户表'[最初购买日期]))。但该公式需要【订单】与【客户表】这两张表在双向关联的情况下才可生效，原因是 all_customers 为多表，需要查询一表【客户表】，如图 10.3.12 所示。

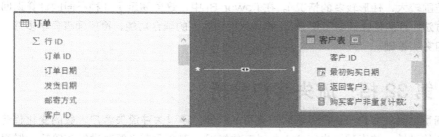

图 10.3.12

若是连关联关系都需要保持不变，则可以用以下度量值，【返回客户 3】与【返回客户 2】唯一不同之处就在 CALCULATE 部分，该部分完全依靠度量值计算完成，无须计算字段参与。

```
返回客户 3 =

VAR min_date = MIN ( '日期表'[Date] )

VAR all_customers = VALUES ( '订单'[客户 ID] )

VAR returning =

FILTER (all_customers,VAR first_purchase =CALCULATE ( MIN ( '订
单'[订单日期] ), ALL ( '日期表' ) ) RETURN first_purchase < min_date)

RETURN   COUNTROWS ( returning )
```

结果如图 10.3.13 所示。

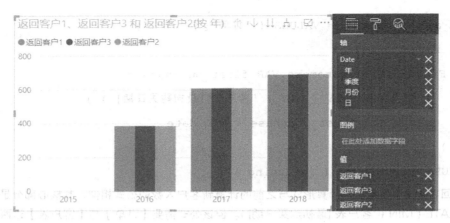

图 10.3.13

彼得点评：在 Tableau 中，可手动快速计算返回客户人数，使用公式计算会稍微麻烦（但适合时间范围较大，柱形较多的情况）。在 Power BI 中，这里演示了几种不同的计算返回客户人数的方法，目的是让读者了解 DAX 的灵活性和强大的聚合功能，希望读者多学多练，为后面的学习夯实基础。

10.4　第 32 招：流失客户分析

商业场景：流失客户分析是返回客户分析的延伸。通过关注流失客户人数的变化趋势，可了解客户的黏性，若出现流失客户人数过高的情况，则企业有必要改进销售策略，增强客户的黏性。

可视化实现：柱形图。本节案例效果如图 10.4.1 所示。

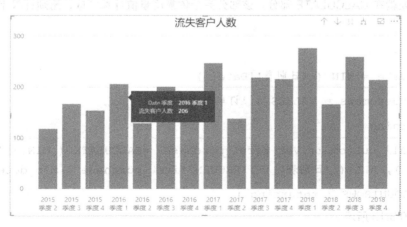

图 10.4.1

解题思路:

流失客户人数的计算较为复杂,在开始分析之前,这里先梳理一下"流失客户"的定义:客户在某个日期范围之前至少有一次购买记录,且在 N 日内没有任何购买记录,而这 N 日刚好在【开始日期】与【结束日期】之间。

图 10.4.2 呈现了几种客户的流失场景,从【开始日期】到【结束日期】为分析时间段,N 为定义参数,由分析师定义。在【开始日期–N–1】～【开始日期–1】范围内发生购买行为而没有在【开始日期】～【结束日期】范围内再发生购买行为的客户,则被认为是当前时间段流失客户。

流失客户场景

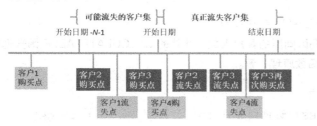

图 10.4.2

- 客户 1:最新购买日期在【开始日期–N–1】之前,流失日期在【开始日期】之前的客户,不算在当前时间段的流失客户中。

- 客户 2:最近购买行为发生在【开始日期 – N–1】～【开始日期 –1】时间范围内,而在 N 日内没有购买的客户,算为当前时间段的流失客户。

- 客户 3:在【开始日期】前发生购买行为,在之后 N 日没有发生购买行为,转为流失,但在此之后到【结束日期】之前发生了两次购买行为的客户,也算为当前时间段的流失客户。

- 客户 4:如果计算日期范围足够长,在当前时间段购买了,但是在【结束日期】后流失的客户,则也不计为当前时间段的流失客户。

综上所述,只有客户 2 和客户 3 被认为当前时间段的流失客户。在以下实例中,假设 N 为 90 个自然日(约 3 个季度),那么流失日就从最新购买日的 90+1 日后开始计算。柱形图的时间范围为 3 个季度。

10.4.1　在 Power BI 中的实现步骤

有了之前的计算新客户人数和返回客户人数的基础,读者应该理解了 VAR RETURN 语句以及嵌套 VAR RETURN 语句的作用,以下是推导【流失客户】公式的步骤。

第一步：定义日期变量。

创建几个变量，用于标注开始日期与结束日期：

```
VAR begin_date = MIN('日期表'[Date])
VAR end_date = MAX('日期表'[Date])
VAR Lost_after_days = 90 + 1
```

第二步：标注可能导致客户流失的购买日期区间。

```
VAR May_be_lost_range =
FILTER(ALL('日期表'),'日期表'[Date] < begin_date && '日期表'[Date]
>= begin_date - Lost_after_days)
```

第三步：计算在第二步日期区间里的客户人数。此处的 CALCULATETABLE 函数返回的是表，其原理与 CALCULATE 函数原理一致。

```
VAR users_in_range =
CALCULATETABLE(VALUES('订单'[客户 ID]), May_be_lost_range)
```

第四步：从可能流失的客户数据集中，筛选出符合定义的流失客户。其中各个变量为：

lost_point 为客户流失的日期点。

last_point 为所有客户最后到访时间点（用于公式优化）。

first_purchased_in_current_range 为计算当前客户在当前日期区间首次购买的时间点。

```
VAR lost_customer =
FILTER ( users_in_range,
        VAR lost_point =  CALCULATE ( MAX ( '订单'[订单日期] ),
May_be_lost_range ) + Lost_after_days
        VAR last_point =  CALCULATE ( MAX ( '订单'[订单日期] ), ALL ('
订单' ) )
        VAR first_purchased_in_current_range = CALCULATE ( MIN ( '
订单'[订单日期] ) )
```

第五步：设置筛选条件公式。

条件一：客户的流失点落于【开始日期】～【结束日期】中（属于客户 2 ）。

```
lost_point >= begin_date && lost_point <= end_date
```

条件二：客户在时间范围为没有发生购买行为或者即使发生购买行为，但是流失时间早于购买时间（属于客户 3）。

```
( ISBLANK ( first_purchased_in_current_range)|| first_purchased
_in_current_range > lost_point)
```

条件三：客户的流失时间点一定小于最后的购买日期。显而易见，这里不推断未来流失客户人数。

```
lost_point <= last_point
```

第六步：对第四步和第五步返回的流失客户人数进行计数。

```
COUNTROWS (lost_customer)
```

结合以上六步得出我们需要的公式，如图 10.4.3 所示。

```
1  流失客户人数 =
2  VAR begin_date = MIN('日期表'[Date])
3  VAR end_date = MAX ( '日期表'[Date] )
4  VAR Lost_after_days = 90 + 1
5  VAR May_be_lost_range = FILTER(ALL('日期表'),'日期表'[Date] < begin_date && '日期表'[Date]>= begin_date - Lost_after_days)
6  VAR users_in_range =
7  CALCULATETABLE(VALUES('订单'[客户 ID]),May_be_lost_range)
8  VAR lost_customer =
9  FILTER ( users_in_range,
10        VAR lost_point = CALCULATE ( MAX ( '订单'[订单日期] ), May_be_lost_range ) + Lost_after_days
11        VAR last_point = CALCULATE ( MAX ( '订单'[订单日期] ), ALL ( '订单' ) )
12        VAR first_purchased_in_current_range = CALCULATE ( MIN ( '订单'[订单日期] ) )
13
14  return
15  lost_point >= begin_date && lost_point <= end_date &&( ISBLANK ( first_purchased_in_current_range)||
    first_purchased_in_current_range > lost_point)&&lost_point <= last_point    )
16
17  return COUNTROWS (lost_customer)
18  |
```

图 10.4.3

若需要动态调整 N 值，则可以为模型添加一个整数参数值，让 N = SelectedValue(参数)。最终结果如图 10.4.1 所示。

10.4.2　在 Tableau 中的实现步骤

细心读者会发现本节将 Tableau 的实现方法放在 Power BI 之后。原因是在 Power BI 中的实现方式很具有借鉴意义，需要放在前面。其中的关键是通过数个筛选上下文（CALCULATE 函数）和变量迭代（VAR 函数）完成的，这是 DAX 公式的强大之处。平心而论，在这方面，Tableau 中目前并没有相应的函数与其媲美。直接使用 Tableau 中现有的函数计算流失客户人数可能过于复杂。折中的方法是，在数据整理阶段，尽量准备好后期需要的数据字段，将计算前置，这样在数据建模上花的工夫就少。数据整理的工具有很多种，以下仅用 Power BI 演示。

数据整理思路：

（1）鉴于一张订单中可能有多条产品销售记录，这里先对订单进行去重，否则无法建立第二步中的索引。

（2）依据客户 ID 对订单日期建立索引（升序）。

（3）依据订单日期推算出客户可能流失的日期。

（4）依据索引，计算并返回客户下一次购买的订单日期。

（5）如果订单日期发生在流失日期之前，则判断客户为流失客户。

小技巧：为方便演示，这里添加可视化组件■Text Filter，并筛选【客户 ID】为【21115】的数据，图 10.4.4 所示。

图 10.4.4

具体实现步骤如下所示。

第一步：去重。为方便进行表计算，需要去掉重复的订单 ID。此步骤在【编辑查询】界面中完成，如图 10.4.5 所示，完成后退出【编辑查询】界面。

图 10.4.5

第二步：依据客户 ID 与订单日期顺序，添加以下索引（添加方式为计算列）。因为已经将【订单 ID】去重，所以该计算列会依据【订单日期】返回唯一索引值，如图 10.4.6 所示。

客户第 N 次购买 = COUNTAX(FILTER('订单', '订单'[订单日期] <= EARLIER('订单'[订单日期]) &&'订单'[客户 ID]=EARLIER('订单'[客户 ID])) ,[订单 ID])

图 10.4.6

第三步：添加度量值，得出每张订单后 N+1 天，即可能流失日期。

可能流失日期 = MIN('订单'[订单日期]) + 90 + 1

第四步：依据客户购买索引，为每张订单找到上一次的购买时间，创建新度量值：

下次购买日期 = VAR NextPurchase = MIN('订单'[客户第 N 次购买])+1 return CALCULATE(MIN('订单'[订单日期]), FILTER(ALLEXCEPT('订单','订单'[客户 ID]),[客户第 N 次购买]=NextPurchase))

在此基础上，创建度量值【距下次购买天数】，得出两张订单相隔的天数。

距下次购买天数 = DATEDIFF(MIN('订单'[订单日期]),[下次购买日期] ,DAY)

第五步：依据【距下次购买天数】与【可能流失日期】字段，共同判断客户是否流失（购买点发生在流失点后即判断为流失）：

是否流失客户 = IF([距下次购买天数]>90,1,0)

最后，添加最后订单日期判断条件：将创建的度量值、计算列放入表中。但是发现最后两行数据的可能流失日期为 2019 年，而数据集中的最后订单日期为 2018/12/30。

最后订单日期 = MAXX(ALL('订单'[订单日期]),'订单'[订单日期])

也就是说，【可能流失日期】不能大于于【最后订单日期】，假设当前【最后订单日期】为 2018年 12 月 30 日，而我们不可以预测未来没有发生的事情。比较稳妥的做法是在【可能流失日期】中加入判断条件：

可能流失日期 = IF(MIN('订单'[订单日期]) + 90 + 1< [最后订单日期],MIN('订单'[订单日期]) + 90 + 1)

方法评估：将前面最初的 Power BI 柱形图转换为表后与现在的表对比，二者出现了不一致的结果，如图 10.4.7 所示。区别主要有两点：

（1）CN–2017–1599696：在方法一中认为此客户是流失客户，因为此客户在 2017 年第3 季度没有再发生购买行为。在方法二中认为此客户不是流失客户，因为其下一次购买行为发生在 2017 年 8 月，延迟了流失日期的计算。这两种方法只是逻辑上的不同，没有错与对之分，但方法一更为严格。更为重要的是方法应与真实定义相符。

图 10.4.7

（2）CN-2018-1165982：在方法二中无此订单的原因是该订单在去重的时候被删除了。如图 10.4.8 所示，其中同一张订单有两名客户共用，这种情况通常是不会出现的。如果在真实业务中的确是多名客户共享一张订单，那么需要寻找组合字符进行去重，例如：客户 ID+订单 ID，如图 10.4.9 所示。

年	季度	Date	流失客户人数 方法一 订单 ID	流失客户人数	订单 ID	订单日期	流失客户人数 方法二 可能流失日期	下次购买日期	距下次购买天数	是否流失客户
2015	季度 3	2015年7月11日	CN-2015-5667067	1	CN-2015-5667067	2015年4月11日	2015年7月11日	2015年11月4日	207	1
2016	季度 1	2016年2月3日	CN-2015-2577941	1	CN-2015-2577941	2015年11月4日	2016年2月3日	2016年7月11日	250	1
2016	季度 4	2016年10月10日	US-2016-3291123	1	US-2016-3291123	2016年7月11日	2016年10月10日	2017年6月24日	348	1
2017	季度 3	2017年9月23日	CN-2017-1599696	1	CN-2017-1599696	2017年6月24日	2017年9月23日	2017年8月28日	65	0
2017	季度 4	2017年11月27日	US-2017-3678373	1	US-2017-3678373	2017年8月28日	2017年11月27日	2018年10月20日	418	1
2018	季度 3	2018年8月19日	CN-2018-1165982	1	CN-2018-2386979	2018年10月20日		2018年12月21日	62	0
总计					CN-2018-4302272	2018年12月21日				

图 10.4.8

订单 ID	订单日期	发货日期	邮寄方式	客户 ID	客户名称	细分	城市	省/自治区	国家
CN-2018-1165982	2018年5月20日	2018年5月24日	标准级	龙婷-21115	龙婷	公司	郑州	河南	中国
CN-2018-1165982	2018年7月14日	2018年7月18日	标准级	林康-15400	林康	公司	重庆	重庆	中国
CN-2018-1165982	2018年5月20日	2018年5月24日	标准级	龙婷-21115	龙婷	公司	郑州	河南	中国

图 10.4.9

到此，方法二中的数据准备工作就基本完成了，只要最后将数据导出为 CSV 文件，再导入 Tableau 中即可。可能有读者会问，既然这样还需要 Tableau 吗？直接在 Power BI 中实现就好了。事实上，每个工具都各有长短，任何 BI 工具都不能完全替代其他工具。数据整理工作也可以通过 Python 完成，还可以设置为自动更新，并不是非 Power BI 不可。相比具体的工具使用，读者更需要理解其中的商业逻辑。

彼得点评：通过以上实例演示，我们将一个复杂的商业问题的解决分解为较为容易理解的几个步骤，最后再将所有的步骤拼接在一起，创建最终的度量公式。当面对复杂的分析问题时，读者需要理清其中的逻辑。虽然在方法二中有一些瑕疵，但是其中的解题思路值得读者思考。最后，对于评估验证数据的准确性，可以将图形转换为表，筛选具有代表性的个体简化验证的复杂程度，从而可以更容易得出结论。

10.5 第 33 招：复活客户分析

商业场景： 延伸 10.4 节的内容，本节内容为分析复活客户。复活客户的定义为：客户在规定时间段之前至少有一次购买行为，且在 N 日内没有再发生任何购买行为，转为流失客户，而后又在规定时间段内（【开始日期】～【结束日期】）发生购买行为，这部分客户被称为在该规定时间段内的复活客户。该指标有助于分析师分析新的市场策略能否唤醒流失客户重新购买商品。

可视化实现： 柱形图。

解题思路：

复活客户的判断分为 3 种情况，如图 10.5.1 所示。

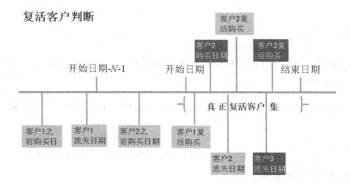

图 10.5.1

客户 1：客户在【开始日期–N–1】前发生购买，之后在【开始日期】前成为流失客户，最后在【开始日期】与【结束日期】之间发生购买行为，算为此时间段内的复活客户。

客户 2：客户在【开始日期–N–1】后发生购买，之后在【开始日期】后成为流失客户，最后在【结束日期】前发生购买行为，也算为此时间段内的复活客户。

客户 3：客户在【开始日期】后发生购买，在【结束日期】前成为流失客户，最后又在【结束日期】前发生购买行为，不算为此时间段内的复活客户。

10.5.1 在 Power BI 中的实现步骤

下面参照创建【流失客户人数】的方式来创建【复活客户人数】的计算公式。

第一步：和之前一样创建时间变量。

```
var begin_date=MIN('日期表'[Date])
```

```
var end_date = MAX('日期表'[Date])
```

```
var lost_days = 28 + 1
```

```
var date_range =DATESBETWEEN('日期表'[Date],begin_date,end_date)
```

第二步：计算可能导致客户流失的购买日期区间。因为客户 1 和客户 2 都是复活客户，那么其日期集合就是从【最初订单日期】到【开始日期】-1。此处用 BLANK 函数表示日期轴最左端。

```
var dates_before_range = DATESBETWEEN('日期表'[Date], BLANK() , begin_date-1)
```

第三步：取得可以成为复活客户的客户集。

```
var all_users = CALCULATETABLE(VALUES('客户表'[客户 ID]),dates_before_range)
```

第四步：定义关键日期的时间点。

```
var last_purchase_before_begin_date = CALCULATE( MAX('订单'[订单日期]), dates_before_range)
```

```
var first_purchase_in_date_range =CALCULATE(MIN('订单'[订单日期]),date_range)
```

```
var lost_date = last_purchase_before_begin_date + lost_days
```

第五步：定义筛选复活人数的筛选条件。

条件一：客户不是新客户，之前产生过购买行为。NOT ISBLANK 语句用于表示非空。

```
NOT ISBLANK(last_purchase_before_begin_date)
```

条件二：客户在当前时间段发生过购买行为。

```
NOT ISBLANK(first_purchase_in_date_range)
```

条件三：客户的流失日期需要小于或等于当前时间段的最初购买日期。

```
lost_date<=first_purchase_in_date_range
```

第六步：对复活客户进行计数。

```
COUNTROWS(recovered_users)
```

结合以上六步得出我们需要的公式，如图 10.5.2 所示。

```
1 复活客户人数 =
2                     var begin_date=MIN('日期表'[Date])
3                     var end_date = MAX('日期表'[Date])
4                     var lost_days = 28 + 1
5                     var date_range =DATESBETWEEN('日期表'[Date],begin_date,end_date)
6                     var dates_before_range = DATESBETWEEN('日期表'[Date], BLANK(),begin_date-1)
7                     var all_users = CALCULATETABLE(VALUES('客户表'[客户 ID]),dates_before_range)
8                     var recovered_users = FILTER(
9                     all_users,
10                    var last_purchase_before_begin_date = CALCULATE( MAX('订单'[订单日期]), dates_before_range)
11                    var first_purchase_in_date_range =CALCULATE(MIN('订单'[订单日期]),date_range)
12                    var lost_point = last_purchase_before_begin_date + lost_days
13                    return NOT ISBLANK(last_purchase_before_begin_date) && NOT ISBLANK
  (first_purchase_in_date_range) && lost_point<=first_purchase_in_date_range )
14
15 return COUNTROWS(recovered_users) |
```

图 10.5.2

10.5.2 在 Tableau 中的实现步骤

同 10.4 节内容相似，此分析关键在于判断条件：当前客户购买日期与上次购买日期的差值是否大于或等于 $N+1$。若是，则客户为此时间此时间段内的复活客户。

沿用 10.4 节案例的结果，我们做进一步的加工。如果说流失客户分析是从当前订单日期的角度去分析未来 $N+1$ 日的客户状态，那么复活用户分析就是从当前订单日期的角度去分析过去 $N+1$ 日的客户状态。

数据处理实现步骤：

（1）依据索引找出客户上次购买日期。

（2）计算上次购买日期与这次购买日期之差。

（3）判断相差日期是否大于 N 日。

由此，依次创建以下度量值，将其放入表中，结果如图 10.5.3 所示。

客户 ID
21115   🔍

复活人数 方法二				
订单 ID	订单日期	上次购买日期	距上次购买天数	是否复活用户
CN-2015-5667067	2015年4月11日			0
CN-2015-2577941	2015年11月4日	2015年4月11日	207	1
US-2016-3291123	2016年7月11日	2015年11月4日	250	1
CN-2017-1599696	2017年6月24日	2016年7月11日	348	1
US-2017-3678373	2017年8月28日	2017年6月24日	65	0
CN-2018-2386979	2018年10月20日	2017年8月28日	418	1
CN-2018-4302272	2018年12月21日	2018年10月20日	62	0

图 10.5.3

上次购买日期 = VAR LasttPurchase = MIN('订单'[客户地 N 次购买])-1 return

CALCULATE(MIN('订单'[订单日期]), FILTER(ALLEXCEPT('订单','订单'[客户
ID]),[客户第N次购买]= LasttPurchase))

距上次购买天数 = DATEDIFF([上次购买日期],MIN('订单'[订单日期]) ,DAY)

是否复活用户 = IF([距上次购买天数]>90,1,0)

彼得点评：与流失客户计算相似，复活客户的计算方式也是通过 VAR RETURN 语句嵌套逐步迭代完成的。

10.6 第 34 招：客户群年度购买频次分析

商业场景：本节实例是之前多个实例的综合延伸。这里除汇总购买次数的客户数外，还计算客户群年度购买频次情况，如图 10.6.1 所示。

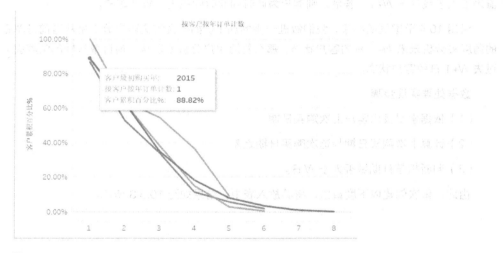

图 10.6.1

解题思路：

（1）计算客户初次购买年。

（2）依据年维度和客户维度，计算客户的购买频次。

（3）通过表计算汇总客户数量。

（4）计算客户群年度购买频次。

10.6.1 在 Tableau 中的实现步骤

创建【最初购买年客户群】度量值，然后将其从度量值转换为维度。

最初购买年客户群={FIXED [客户 ID]: MIN(Year([订单日期]))}

用鼠标右击维度下的【订单日期】字段，在弹出的快捷菜单中选择【创建】→【自定义日期】命令。在打开对话框中创建以年为单位的订单日期，如图 10.6.2 所示。

图 10.6.2

继续创建度量值，将订单数量固定在【客户 ID】和【订单日期 (年)】两个维度上：

按客户按年订单计数 ={FIXED [客户 ID],[订单日期 （年）]:COUNTD([订单 ID])}

创建完成后，将其转换为维度并添加至【列】中，将【客户 ID】（计数不同）放入【行】中。在工作表中添加【订单日期 (年)】筛选器，将【客户最初购买年】放入【颜色】卡中，如图 10.6.3 所示。

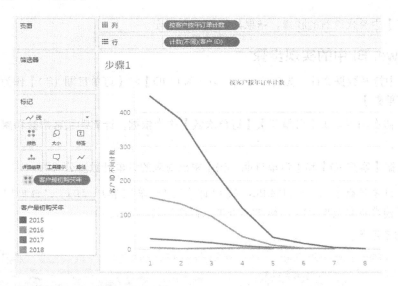

图 10.6.3

打开【行】胶囊下拉菜单，在其中选取【汇总】表计算。然后再单击【编辑表计算】命令，在打开的对话框中以【按客户按年订单计数】为计算依据，将【按客户按年订单计数】的平均值降序排列，如图 10.6.4 所示。

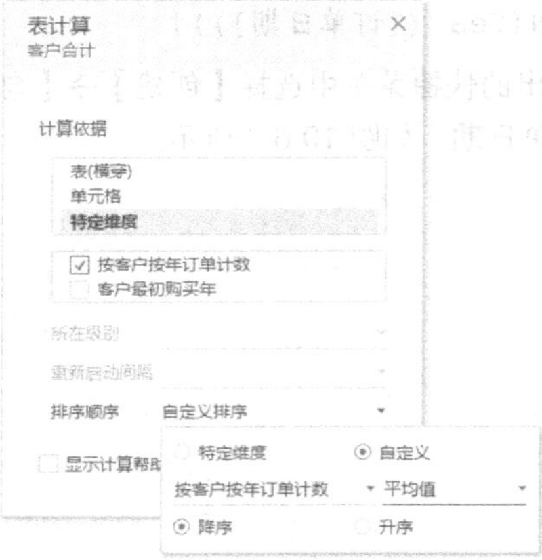

图 10.6.4

完成后，将该行胶囊拖至【计算字段】面板中，并命名为【客户数合计】，并基于此创建新的计算字段，原因是下一步需要嵌套计算，所以需要显式度量值。注意：通过拖曳将隐式度量值转换为显示度量值是 Tableau 的重要特性之一。

客户累积百分比%= [客户合计]/SUM ({FIXED[客户最初购买年]:COUNTD([客户 ID])})

将其放入【行】中替代原有的胶囊，结果如图 10.6.1 所示。

10.6.2　在 Power BI 中的实现步骤

在 Power BI 中打开数据文件。先创建分组，以【客户 ID】和【订单日期 (年)】作为依据，计算【消费订单数】。

按分组，以【初次购买年】、【订单年】、【订单次数】作为依据，计算购买客户数和累计客户数相关百分比。

创建新表，依据【客户 ID】和【订单日期 (年)】求出对应的订单计数。公式为：

依据客户与年订单计数表 1 = SUMMARIZE('订单','订单'[客户 ID], '订单'[订单日期].[年], "消费订单数",DISTINCTCOUNT('订单'[订单 ID]))

结果如图 10.6.5 所示。

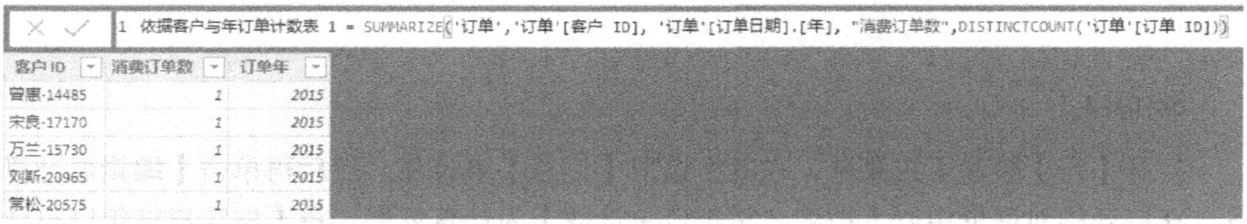

图 10.6.5

在该表中添加一个新列，输入以下公式：

年用户群 = CALCULATE(MIN('依据客户与年订单计数表 1'[订单年]),ALLEXCEPT('依据客户与年订单计数表 1','依据客户与年订单计数表 1'[客户ID]))

此公式巧妙地利用 ALLEXCEPT 函数返回该客户 ID 的所有【订单年】，并选取最小值，如图 10.6.6 所示。

客户 ID ▼	消费订单数 ▼	订单年 ▼	年用户群 ▼
曾惠-14485	1	2015	2015
宋良-17170	1	2015	2015
万兰-15730	1	2015	2015
刘斯-20965	1	2015	2015

图 10.6.6

再添加一个客户非重复计数：

客户非重复计数 = DISTINCTCOUNT('依据客户与年订单计数表 1'[客户 ID])

选择折线图，按图 10.6.7 设置图形，此时已经有了初步的分析视图模型。

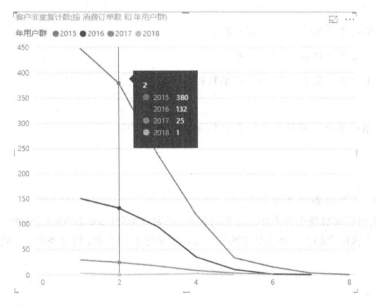

图 10.6.7

我们最终需要的结果是：

购买比率%= 某频次及以上购买人数/年客户群人数

先求分子，即【某频次及以上购买人数】，在数据中 2011 年客户群体中有 766 人在 2014 年购买了一次产品，这里需要知道的是至少购买一件产品的客户，因此，需要依据【客户群】、【订单年】和【订单次数】(1,2,3,…,N) 三个维度得出订单的计数。

注意：这里会两次使用到【消费订单数】。第一次用作维度，第二次用作对订单的计数。在实例中使用了 SUMMARIZECOLUMNS 函数，其功能与 SUMMARIZE 函数相近，得出聚合的结果，如图 10.6.8 所示。

年用户群	订单年	消费订单数	客户数量 2
2015	2015	1	278
2015	2015	2	166
2015	2015	3	60
2015	2015	4	11
2015	2015	5	2
2015	2015	6	2

图 10.6.8

客户数量计数 2 =
SUMMARIZECOLUMNS (
    '依据客户与年订单计数表 1'[年用户群],
    '依据客户与年订单计数表 1'[订单年],
    '依据客户与年订单计数表 1'[消费订单数],
"客户计数
2", COUNT ('依据客户与年订单计数表 1'[消费订单数])
)

先求和客户计数：

客户计数 2 度量 = SUM([客户计数 2])

再通过 SUMX 函数对订单数量进行求和，此处的条件 [消费订单数] >= MAX ([消费订单数]) 是为了确保购买了一次以上的客户会出现在购买一次以上的客户计数中，以此类推，完成的分子计算。

具体公式为：

客户累积（分子）=
SUMX (
    FILTER (
        ALL ('客户数量计数 2'[消费订单数]),

左侧竖排：34 招精通商业智能数据分析 Power BI 和 Tableau 进阶实战

```
    ［消费订单数］ >= MAX （ ［消费订单数］ ）
    ），
    ［客户计数 2 度量］
)
```

再求分母，即年客户群人数。

创建一个新表，以【客户群年份】为依据，求其总客户数。参照图 10.6.9 对表进行关联，筛选方向为双向。双向的关联关系非常重要，请读者们务必留意。

图 10.6.9

```
依据用户群的客户数表 3 =
SUMMARIZE （
    '依据客户与年订单计数表 1'，
    '依据客户与年订单计数表 1'[年用户群]，
    "所有客户"， DISTINCTCOUNT （ '依据客户与年订单计数表 1'[客户 ID] ）
）
```

创建以【年】为筛选维度的分母度量，并最终得出累积百分比：

```
依据用户群的客户数（分母） =
CALCULATE （
    SUM （ ［所有客户］ )，
    ALLEXCEPT （ '依据用户群的客户数表 3'， '依据用户群的客户数表 3'[年用户群] ）
）
```

客户合计百分比% = ［客户累积（分子）］/［依据用户群的客户数（分母）］

创建新折线图，参照图 10.6.10 配置该表，得出最后的分析结果。

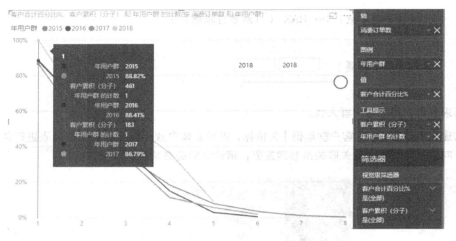

图 10.6.10

对于不直接用于可视化的摘要表，可在【数据】视图中用鼠标右击，在弹出的快捷菜单中选择【在报表视图中隐藏】命令，如图 10.6.11 所示。

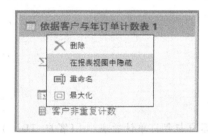

图 10.6.11

彼得点评：相信绝大多数读者都会感到本节案例具有一定的难度，因为无论是用 Tableau 还是用 Power BI 实现，该商业分析逻辑都比较复杂，例如使用多重的 LOD 嵌套公式或者是多次使用 SUMMARIZE 函数重构表。

本节实例的难点在于，DAX 的表计算功能并不强大，因此需要通过 SUMMARIZE 函数重构表的方式，再进行累积计算。因此案例中所要求的累积百分比计算在 Power BI 中的实现比较难。

本书内容参考书籍和资源，特此声明与鸣谢作者（具体网址可在作者公众号中获取）。

DAX 模板；作者：Marco Russo，Alberto Farrari

最常用的十五种 LOD 用法；作者：Bethany Lyons

Tableau 10 Advanced Training：Master Tableau in Data Science；作者：Kirill Eremenko